오늘도 무사히,
일본살이 중입니다

오늘도 무사히,
일본살이 중입니다

정세월드 지음

추천의 말

미니멀유목민 | 유튜브 크리에이터

일본인과 가족이 된 지 16년, 일본을 오간 시간은 20년이 넘는다. 그동안 적응하기 어려웠던 일본 문화는 시간과 함께 부딪혀 가며 이해해 왔다. 사실 어떤 부분은 이해를 포기한 채, 봉인해 두기도 했다. 그런데 이 책을 읽는 동안 그 물음표들이 느낌표로 바뀌는 상쾌함을 느꼈다.

정세월드는 내가 주의 깊게 살피지 않던 사소한 것조차 예리하게 관찰했고, 그것을 특유의 재치와 감수성을 더해 풀어냈다. 고향과도 같은 일본을 점점 즐기지 못한 채 생활이 굳어져 가던 중, 그의 글을 읽고 솔직히 충격을 받았다. 내 민망한 과거가 스쳐 지나가며 내면의 각성이 일어나, 오랜만에 책에 밑줄을 긋고 메모를 했.

지금까지는 도쿄에 출장을 가면 서둘러 볼일을 마치고 빠져나오는 것이 목표였다. 이제는 반대다. 최대한 시간을 들여 '산책왕 정세월드'가 소개한 장소들을 느리게 걸어 보고 싶어졌다. 그만큼 갈 곳이 많이 생겼다. 익숙하다고 자부했던 일본이 다시 신선하게 다가와 설레기까지 한다.

타쿠야 | 영화배우·모델

단 한 번뿐인 인생, 하고 싶은 일을 하며 살고 싶다는 생각은 누구나 해보았을 것입니다. 하지만 현실은 직업, 가족, 경제적인 이유로 쉽지만은 않습니다.
이 책은 그런 고민을 가진 이들에게 단단한 용기를 주는 특별한 기록입니다. 저 역시 한국에서 생활하며 비슷한 경험을 해왔기에 많은 부분에서 깊이 공감할 수 있었습니다.
특히 일본 곳곳을 직접 경험하며 담아낸 풍경과 사람들의 이야기에, 책장을 넘길수록 마치 함께 여행하는 듯한 기분이 들었습니다. 또한 일본인인 저조차 미처 알지 못했던 시선과 통찰은 일본이라는 나라를 새삼 돌아보게 했습니다.
일본에 관심 있는 분들, 언젠가 일본에서 살아보거나 여행하기를 꿈꾸는 분들에게 이 책을 자신 있게 추천합니다.

쿠키커플 | 유튜브 크리에이터

한일 부부로 살다 보니, 매일이 작은 모험처럼 느껴질 때가 많습니다. 편의점에서 벌어지는 소소한 해프닝, 서툰 언어로 겨우 해결한 행정 절차, 골목길을 걷다 우연히 발견한 작은 카페까지. 이 책은 바로 그런 순간들을 담아낸 이야기라, 읽는 내내 "아, 우리 얘기 같다!" 하고 고개를 끄덕였습니다.

이 책의 특별한 점은 거창한 이야기를 하지 않는다는 데 있습니다. 대신 누구나 공감할 수 있는 평범한 일상 속에서 '살아간다'라는 것의 의미를 전합니다. 처음 일본에 왔을 때의 어색함, 조금씩 스며드는 적응의 과정, 그리고 결국 그곳에서 자기만의 리듬을 찾는 모습을 따라가다 보면 왠지 모르게 마음이 따뜻해집니다.

이러한 이야기들은 일본 생활을 꿈꾸는 분들에게는 현실적인 힌트를, 타지에서 생활 중인 분들에게는 소소한 위로를, 그리고 일상에 지친 분들에게는 잠시 쉬어 갈 수 있는 여유를 줄 것입니다.

○ 차례

추천의 말 · 5
프롤로그 · 10

1장 ○ 한국을 떠나와 일본에서 자리 잡기

우연히 시작된 일본 거주의 운명 · 16
어쩌다 보니 흐른 11년의 시간 · 23
'정세월드'의 탄생 · 32
도쿄에서 내 집 마련 · 39
내가 60년 넘은 도쿄 아파트를 산 이유 · 51
1963년 지어진 도쿄 아파트 리모델링기 · 56
전 재산을 투자한 도쿄 아파트, 잘 산 걸까? · 63

2장 ○ 한국과는 다른 일본의 이모저모

한국과 일본의 식사 문화 차이점 · 74
조용하고 성실한 일본의 직장인 · 81
일본인의 '예절'이란 무엇일까? · 89
대출은 일본도 어렵습니다 · 97
일본에서 여름&겨울나기 · 105
한국과는 다른 매력, 일본의 축제 · 112
일본의 숨은 묘미, 관광산업 · 120

3장 ○ 내가 좋아하는 도쿄의 매력

도쿄 벚꽃의 성지, 나카메구로 · 128
여행자는 모르는 도쿄 세타가야 · 135
도쿄 MZ들의 떠오르는 여행지, 미우라반도 · 142
파란 물결의 향연, 히타치 해변공원 · 151
특별한 주말 코스, 일본민가원과 오카모토 타로 미술관 · 158
봄에 걷기 좋은 도쿄의 거리, 야네센 · 165
남자는 괴로운 일본 소도시, 도쿄 시바마타 · 173

4장 ○ 휴일의 묘미, 구석구석 일본 여행

미군과 일본이 융합된 특별한 소도시, 사세보 · 184
후쿠오카 이제 그만, 이젠 나가사키의 시대 · 193
연을 사랑하는 일본 마을, 시즈오카 하마마츠 · 205
연간 700만 명이 찾는 마음의 고향, 미에현 이세신궁 · 215
관광산업에 올인한 소도시, 후쿠이 공룡 왕국 · 225
한여름 교토의 재발견 · 233
아시아 제일의 바다, 이시가키 잠금 해제 · 248
느린 여행의 미학, 나고야 · 258
우리 모두 꼭 한번 가봐야 할 히로시마 · 267
찰나의 번영, 에히메현 우치코 · 276
귤과 온천의 성지, 마쓰야마 · 285
일본 대표 겨울 풍경, 나가노 · 295
노벨 문학상의 배경, 설국 니가타 · 305
일본이 끝나는 곳, 홋카이도 왓카나이 · 314

에필로그 · 325

프롤로그

   일본에 처음 발을 디딘 것은 2014년으로, 벌써 11년이 지났다. 처음엔 이곳에서 오래 살 생각은 없었다. 1~2년 정도 일하다가 돌아가면 되지 않을까? 해외 경험도 쌓고, 새로운 문화도 접하고, 그러고 나면 뭔가 좀 더 괜찮은 사람이 되어 한국에 돌아갈 수 있을지도 모른다는 막연한 기대 같은 걸 품고 있었다. 지금 생각해 보면 그때 나는 꽤 간단한 마음으로 국경을 건넜던 것 같다. 일본이라는 나라에 대한 확고한 동경이나 계획이 있었던 것도 아니고, 장기적인 커리어 비전이 있었던 것도 아니었다. 그냥 그때 주어진 선택지 중 가장 덜 낯설어 보이는 곳을 택했을 뿐이었다.
   그렇게 가볍게 시작한 일본 생활은 예상보다 훨씬 길어졌다. 어느새 나는 이곳에 집을 사고, 리모델링을 하고, 회사에 다니고, 유튜브 채널을 운영하는 사람이 되어 있었다. 처음엔 모든 게 낯설었다. 슈퍼에서 야채 하나 사는 일도 어려웠고, 동사무소에 가서 주소지를 옮기는 일조차 복잡하게 느껴졌다. 회사에서는 말끝을 흐리는 동료들의 말투에 매번 확인하느라 되묻는 일이 반복됐고, 눈치껏 맞춰야 하는 회식 문화나 업무 분담의 암묵적 규칙에 적응하는 데도 시간이 꽤 걸렸다. 그 시절엔 매 순간이 작고 큰 시행착오였다.

  하지만 어느 순간부터 일본에 스며들기 시작했다. 식당에서 메뉴판을 보며 고민하지 않고 바로 주문할 수 있게 되었고, 회사를 옮길 때나 이사할 집을 구할 때도 내 안에 어떤 기준 같은 게 생겨 있었다. 도쿄의 지하철 노선이 머릿속에 어느 정도 그려지고, 한국보다 더 편하게 느껴지는 동네가 생기고, 습관처럼 걷는 골목길이 생겼을 때에 이르러서야 나는 비로소 이 나라가 삶의 일부가 되었다는 걸 실감했다.

  이 책은 그 모든 과정을 지나며 남은 조각들을 모은 기록이다. 처음 일본에 왔을 때부터 지금에 이르기까지 내가 겪은 수많은 장면들과 그 안에서 느낀 감정들, 그리고 그 시간을 지나며 나라는 사람이 어떻게 변해왔는지를 차근차근 써 내려가 보았다. 책이라고 해서 대단한 메시지를 담고 있는 건 아니다. 이민생활을 다룬 진지한 보고서도 아니고, 일본 문화를 찬양하거나 비판하려는 것도 아니다. 그냥, 이런 삶도 있다는 걸 이야기해 보고 싶었다. 낯선 나라에서 살아보니 이런 점이 좋았고, 또 이런 부분은 어려웠고, 어느새 이렇게 적응하게 되었더라—하는 이야기들 말이다.

프롤로그

그중에는 집을 사기까지의 고된 여정도 있고, 은행 대출을 받기 위해 회사 설명과 인생 계획을 담은 에세이를 써냈던 일도 있고, 리모델링을 마치고 집에 처음 들어서던 날의 묘한 감정도 있다. 일본의 축제를 보며 느낀 따뜻한 정서나, 도쿄 외곽의 작은 마을에서 우연히 마주친 풍경도 있다. 그리고 그런 모든 경험이 쌓여 지금의 내가 되었다는 사실이, 새삼스럽지만 고맙게 느껴진다.

사실 나는 아직도 스스로를 일본에 정착한 사람이라고 말하긴 조심스럽다. 외국인 등록증을 들고 다니고, 서류를 쓸 때마다 '국적: 한국'이라는 칸을 보고 느끼는 은근한 거리감 속에서 일과 생활을 유지하고 있으니 이곳은 여전히 완전히 내 것이라고 말하긴 어렵다. 하지만 이제는 분명히 말할 수 있다. 나는 이곳에서 살고 있다. 임시 체류자처럼 살던 시절은 지나갔고, 지금은 작은 정원에 물을 주고, 전철의 혼잡도를 생각하며 출퇴근 시간을 조절하고, 도쿄의 계절을 조금은 예민하게 느끼는 사람이 되었다.

이 책을 통해 누군가는 일본이라는 나라의 조금 다른 단면을 볼 수 있을지도 모르고, 또 누군가는 낯선 삶을 시작할 용기를 얻을 수도 있을 것이다. 어쩌면 그냥 누군가의 생활기를 읽으며 '나만 그런 거 아니었구나' 하고 가볍게 웃을 수도 있다. 어떤 방식으로든 이 이야기가 누군가에게 닿을 수 있다면, 그걸로 충분하다고 생각한다.

그럼 이제 내가 어떻게 여기까지 오게 되었는지, 그리고 어떻게 오늘도 무사히 일본살이를 이어가고 있는지를 하나하나 풀어보려 한다.

1장

한국을 떠나와 일본에서 자리 잡기

우연히 시작된
일본 거주의 운명

한 번 사는 인생, 해외 이직의 결심

 내 이름은 정세월드, 도쿄 11년 차 직장인. '지구촌 도쿄에 사는 직장인'이라는 워딩을 걸고 유튜브를 운영하고 있으니 일본과 인연이 깊을 것 같은 사람이라 생각하겠지만, 사실 한국에 살며 20개가 넘는 국가를 여행할 동안 일본은 한 번도 가본 적이 없을 정도로 일본에는 전혀 관심이 없는 사람이었다. 여느 때처럼 서울에서 직장 생활을 하던 어느 날, 반복되는 생활에 싫증을 느껴 이런 생각을 하게 됐다. '한 번 사는 인생, 외국에서도 한 번 살아보고 싶다.'
 정세월드, 하고 싶은 건 해봐야 하는 사람. 갑작스러운 해외 이직은 쉽지 않아 보여 처음 준비한 건 대학원이었다. 당시 중국어도 할 줄 알았기에 홍콩의 한 대학원에 지원해 합격, 출국 직전까지 갔으나 '공부를 하고 싶은 게 아닌데, 학교에 가는 게 맞나?' 싶은 생각이 들어 계획을 철회했다. 그러던 어느 날, 친구를 따라 첫 일본 여행을 떠나게 됐다. 우연히 떠난 여행이 의외로 재미있어서 회사를 다니며 일본어 학원에 등록했다. 퇴근 후 조금씩 공부하여 JLPT 1급도 따고, 일본 여행도 몇 차례 더 다녀왔다. 그러다 운명의 순간이 찾아왔다. 친구가 다니는 회사의 도쿄 지사에서 사람을 뽑는다는 것이었다. 재미로 지원해 봤는데 덜컥 합격을 하고, 기존 회사를 퇴사하고 짐을 싸서 두 달 안에 도쿄로 건너오라는 통지를 받았다. 어안이 벙벙, 두 달 안에 이사인지 이민인지를 가야 하게 되었다. 도쿄의 'ㄷ'도 모르는 내게 회사는 감사하게도 두 달간 머물 수 있는 첫 거처를 제공해 주었다. 그곳은 바로 도쿄東京 긴자銀座. 여행자들에게는 명품이 생각나는 화려한 관광지이지만, 나에게는 일본 생활의 시작점인 애틋한 공간이다.

   일본 땅을 처음 밟았을 때, 나는 작은 캐리어 하나와 해외 생활에 대한 막연한 기대만 안고 있었다. 공항 리무진 버스를 타고 도쿄역으로 들어가던 날, 창밖으로 펼쳐진 마루노우치丸の内*의

---

*   마루노우치(丸の内, まるのうち): 일본의 여의도, 일본 경제의 심장이라 불린다. 편집자 주

고층 빌딩과 정돈된 거리를 보며 괜스레 마음이 들뜨기도 했다. 마치 울산에서 고등학교를 갓 졸업하고 처음 서울로 상경했을 때의 기분 같았달까. 회사에서 두 달간 제공해 준 긴자의 작은 레지던스에 도착해 반짝이는 상점가 사이로 걸어 들어섰을 땐, 여행으로 만난 마냥 화려하기만 했던 긴자의 얼굴이 어쩐지 생경하게 느껴졌다. 방 안에 들어와 짐을 풀고 조용한 천장을 올려다보며 '내가 이곳에서 정말 살아갈 수 있을까?' 하는 막연한 불안이 처음으로 고개를 들었다.

그렇게 출근을 앞둔 밤, 갑자기 걱정이 몰려왔다. 어쩌다 보니 덜컥 합격은 했지만 일본어 실력도 부족하고, 키보드로 일본어 타자를 치는 것 또한 서툴렀다. 입사 바로 전날에야 이런 고민을 하다니, 그동안 너무 안일하게 지낸 건 아닌가 하는 생각도 들었다. 하지만 막연한 불안감보다는 앞으로 겪을 새로운 날들에 대한 설렘이 더 크게 다가왔다.

일본에서 처음 다닌 회사는 앱을 개발하는 IT 회사였다. 회사가 있는 곳은 도쿄 시부야역渋谷駅 근처. 지금은 거의 매일 드나드는 익숙한 곳이지만, 첫 출근 날 그 많은 사람 사이를 헤치고 사무실로 향했던 기억은 아직도 생생하다.

그 후 4년을 내리 근무했던 회사는 탁 트인 사내 카페와 멋진 회의실은 물론, 안마사까지 상주하는 곳이었다. 아마 그때 사장님 다음으로 회사에 대한 애정이 컸던 직원은 내가 아니었을까

싶다. 특히 창밖으로 도쿄 시내가 한눈에 펼쳐지는, 특출난 장점이 있었다. 그중에서도 가장 큰 매력은 바로 앞에 시부야 스크램블 교차로가 있었다는 점이다. 점심시간마다 마치 해외여행을 온 듯한 설렘을 느꼈고, 퇴근 후 특별한 약속이 없어도 30분씩 거리를 거닐다 돌아오는 그 순간이 정말 좋았다. 그래서 지금도 시부야는 내가 가장 좋아하는 산책 코스이자, 내 인생의 상당 부분을 함께한 제2의 고향 같은 곳이다.

회사 업무 익히랴, 동료들과 회식하랴 정신없이 바쁜 나날을 보내던 중, 두 달 동안 머물렀던 긴자를 떠나 새로운 집을 구해야 하는 순간이 찾아왔다. 짧지 않은 두 달 동안 긴자에서 생활했지만, 회사 적응과 집 구하기에 정신이 없어서 특별한 추억을 많이 만들지는 못했다. 어디가 살기 좋은 동네인지도 모르고 직접 가본 곳도 없어 오로지 인터넷 검색에만 의존했는데, 일본인이 가장 살고 싶어 하는 동네 1위로 꼽히는 키치조지 吉祥寺와 내가 직접 가보고 마음에 들었던 코엔지 高円寺를 놓고 마지막까지 고민하게 되었다. 결국 내가 마지막으로 고른 곳은 키치조지였다. 특별한 이유는 없었고, 그냥 예산에 맞는 집 중에서 가장 마음에 쏙 드는 곳을 찾았기 때문이다.

제3의 고향, 키치조지

키치조지에 살던 당시, 나는 월급 대부분을 여행에 쏟아붓느라 돈이 거의 없었다. 4년 동안 집에 인터넷도 설치하지 않고, 배달 음식도 거의 시켜 먹지 않았다. 회사를 오갈 때는 한 달에 1,000엔이라도 아끼려고 매번 15분을 더 돌아가는 지하철 노선을 이용하기도 했다. 아마 41만 명*의 한국인 거주자 중에서 내가 가장 심한 짠돌이였을 것이다.

다만 키치조지에 살면서 가장 호화스럽게 누렸던 것은 다름 아닌 산책이었다. 지금도 그렇지만 당시의 취미도 산책이었는데, 문만 열고 나오면 도쿄에서 가장 거닐기 좋은 길이 나오니 주말이면

---

*   일본 법무부성 통계 기준(2016년 6월 말).

서너 시간 하염없이 걷기만 해도 그저 행복했다. 지금 생각해 보면 인터넷은 4년 동안 설치를 안 한 게 아니라 눈만 뜨면 밖으로 나가니 딱히 집에서 인터넷 할 시간과 필요가 없었던 것 같다.

그리고 당시 서툴렀던 도쿄 생활에서 늘 마음의 안정을 불러일으켰던 곳은 바로 이노카시라 공원井の頭恩賜公園이었다. 봄에는 벚꽃이 만개하고, 일 년 내내 맑은 날씨를 자랑하는 이 공원을 매일 아침저녁으로 오가며 산책했다. 풍경을 누리며 책을 읽고, 노트북으로 영화를 보면서 혼자만의 시간을 보내기도 했다. 돌이켜 보면 이곳은 유튜브 채널 '정세월드' 탄생에 가장 큰 영향을 준 공간이다. 지금도 특별한 용건이 없는데도 일 년에 몇 번씩 저절로 발길이 향하곤 한다. 이렇듯 4년 동안 머물렀던 키치조지는

내 도쿄 생활에서 빼놓을 수 없는, 정말 아끼는 동네가 되었다.

그때 다니던 회사는 운이 좋았는지 사업이 번창해 일할 공간이 부족해졌고, 새로운 사무실로 이전하게 되었다. 그곳은 도쿄에서 가장 번잡한 곳 중 하나인 신주쿠新宿였다. 처음엔 시부야가 더 좋아서 이사를 하는 것이 별로 끌리지 않았지만, 새로운 사무실 위치가 역에서 무척 가깝고 창밖으로 보이는 풍경이 꽤 괜찮아서 금세 마음이 바뀌었다. 회사에서 스트레스를 받을 때 잠시 산책하러 나가면 짧은 여행을 다녀온 것처럼 기분이 전환되어 자주 걷게 되기도 했다.

그리고 신주쿠에서 일하면서 누렸던 또 다른 재미가 있다. 바로 금요일 밤늦게까지 일한 후 터미널로 가서 심야 버스를 타고 여행을 떠나는 것이다. 이때가 정세월드 인생에서 가장 낭만적인 시절이었으리라. 물론 나의 낭만은 유통기한이 길어 요즘에도 가끔 이용하고는 하니, 신주쿠 버스 터미널에서 어슬렁거리는 정세월드를 보면 반가이 인사해 주시기를.

예전보다 조금씩 더 빠르게 바뀌어가는 도쿄에서의 생활은 긴자의 작은 레지던스에서 시작해 내 집 마련을 이룬 오늘까지 이어졌다. 일본에 건너오기 3개월 전만 해도 일본에 거주할 것이라 상상도 못했던 것처럼, 3년 뒤 내가 어디서 뭘 하고 살고 있을지는 나조차도 모르겠다. 지금은 그저 주어진 하루하루를 열심히 즐겁게 사는 게 내가 할 수 있는 최선일 것 같다.

어쩌다 보니 흐른
11년의 시간

처음 일본에 왔을 때만 해도 이렇게 오래 살게 될 줄은 정말 몰랐다. 지금 이 글을 쓰고 있는 나조차도 믿기지 않는 시간이다. 계획된 이주라기보다는 살다 보니 시간이 흘렀다는 표현이 더 정확할 것이다. 처음 계획은 요즘 유행하는 해외 한 달 살기의 조금 확장된 버전 정도였다. 2~3년 정도 살아보며 어느 정도 경험을 쌓고 돌아가야지 했던 게 어느덧 11년이 되었고, 이제는 도쿄에 내 집까지 생겨버렸다. 이쯤 되면 여행이 아니라 정착이라 해야 할까? 참, 사람 일은 어찌 될지 모른다. 시간은 흐르는 것이 아니라 쌓이는 것이라는 말을 요즘 들어 더 자주 떠올리게 된다.

쉽지 않았던 일본 적응기

한국에서도 혼자 노는 걸 꽤 잘한다고 생각했지만, 1년 내내 혼자 지내는 건 전혀 다른 차원의 일이었다. 다행히 회사 동료들과 조금씩 어울리며 점차 나아졌지만, 낯선 도시에서 새로운 인간관계를 맺는 건 여전히 쉽지 않았다. 일본은 혼자 식당에 가도 아무도 신경 쓰지 않는 분위기지만, 가끔은 친구들과 삼겹살을 구워 먹으며 떠들던 그 소란스러움이 그리웠다. 특히 칸막이가 쳐진 라멘집에서 혼자 국물을 후루룩 마실 땐 그 고요함이 유독 쓸쓸하게 느껴졌다.

생활의 지혜도 하나하나 새로 익혀야 했다. 편의점에서 "포인트 카드 있으세요? 데워드릴까요? ポイントカードはお持ちですか？温めてあげましょうか？"라는 질문에 일단 "하이はい"부터 외친 뒤, 무슨 말이었는지 몰라 멀뚱히 서 있었던 적도 많았다. 행정 시스템은 더 복잡했다. 수도세를 신용카드로 내고 싶어 알아봤더니 인터넷으로 신청서를 주문해 집으로 받고, 그걸 다시 우편으로 보내야 한다는 안내를 보고는 고개를 갸웃했다. 이럴 거면 그냥 온라인으로 신청을 받지. 은행 통장을 만들었더니 현금카드는 2주 뒤에야 집으로 따로 발송되고, 신용카드는 더 말할 것도 없었다. 급하게 주문한 택배가 도착하는 날 집에 없어 못 받았던 적도 많았는데, 그런 날이면 밤늦게 중앙우체국 물류센터까지 찾아간 기

억이 여럿 있다.* 택배를 문 앞에 두고 가는 한국의 택배 문화가 그리워지는 순간들이었다.

생활비도 여유롭지는 않았다. 월급은 한국보다 높았지만, 월세와 공과금, 연금 등을 제하면 손에 쥐는 돈은 반대로 줄어들었다.

막상 살아보니, 여행으로 왔을 때 느꼈던 '비슷함'은 착각이었다. 한국과는 분명하게 다른 점이 무수하게 많았다. 익숙하다고 생각했던 것들이 익숙하지 않았고, 당연하게 여겼던 것들이 전혀 당연하지 않았다. 그렇게 나는 일본에서 살아가는 법을 차근차근 배워갔다.

지금은 편의점에서 어떤 질문이 나올지 듣기도 전에 알고 대답할 수 있고, 택배 재배송 신청도 휴대폰으로 손쉽게 처리한다. 라멘집에 혼자 앉아 밥을 국물에 말아 먹을 여유도 생겼다. 회사 사람들과 어울려 본오도리盆踊り**를 보러 가기도 하고, 심심할 때는 연락할 친구도 하나둘 생겼다. 처음엔 낯설기만 했던 일본의 일상이 이제는 전부 자연스럽게 느껴지다니, 결국 시간이라는 녀석이 다 해결해 주는 걸까 싶다.

회사 생활은 또 다른 벽이었는데, 일상적인 일본어는 괜찮았지만 회의에서 쓰이는 업무 용어와 문서 표현은 낯설기만 했다.

---

*   일본에서는 택배를 받을 때 수령인의 서명 또는 도장이 필요하다. 일반 저가 상품은 도장 없이 수령 가능한 경우도 있지만, 일본 특유의 신뢰 문화로 서명보다는 도장 찍는 것을 익숙하게 여긴다. 편집자 주
**   본오도리(盆踊り, ぼんおどり): 조상의 영혼을 맞이하고 보내는 의미의 전통 춤. 편집자 주

모두가 웃는 타이밍에 나만 무슨 말인지 몰라, 일단 따라 웃은 적도 있었다. 그러니 당연히 업무 속도도 동료들에 비해 느렸고, '내가 여기서 뭘 하고 있는 거지?'라는 회의감이 들기도 했다.

하지만 결국 답은 하나였다. 남들보다 조금 더 오래 회사에 남아, 하나라도 더 배우는 것.

처음엔 따라가는 것조차 벅찼지만, 시간이 쌓이자 일의 흐름이 보이기 시작했고, 언어와 문화의 장벽 속에서도 내가 할 수 있는 최선을 다하며 버텼다. 그렇게 성과를 하나씩 쌓아가며 팀장으로 승진도 할 수 있었고, 외국인 직원이 아닌 '팀에 필요한 사람'으로 자리 잡게 되었다. 노력해서 안 되는 건 없다는 말이 진부하게 들릴 수 있지만, 해외에서 일하는 삶에는 그 말만큼 단단한 응원이 없다.

내 삶을 지탱해 준 도쿄의 세 가지 매력

그런 시간을 지나며, 나는 왜 아직도 일본에 있을까? 왜 여전히 이 나라를 좋아하며, 이곳에서 살아가고 있을까? 돌이켜보면 내 삶을 지탱해 준 세 가지 매력이 있었다.

도쿄는 활기 넘치는 대도시임에도 놀랄 만큼 조용하고 정돈된 도시다. 지하철이나 상점가처럼 사람들이 붐비는 공간에서도 큰 소리를 내는 사람은 거의 없고, 거리에는 쓰레기도 잘 보이지 않는다. 자동차 경적 소리는 드물고, 인도를 막는 불법 주차나 공유 킥보드도 좀처럼 찾아보기 어렵다. 물론 이 모든 건 강력한 벌금 제도 덕분이라는 걸 알게 된 건 나중의 일이지만, 어쨌든 걷기엔 이만한 도시가 없다.

나는 자칭 산책왕답게 주말이면 하루에 다섯 시간씩도 걷는 편인데, 일본은 어느 도시에 가도 도심 한가운데에 산책하기 좋은 공원이 있다는 점이 참 마음에 든다. 50년, 100년 넘은 나무들이 도시 곳곳에 버티고 서 있는 풍경도 좋다. 한때는 키치조지의 이노카시라 공원에 반해 4년을 그 공원 옆에서 살았고, 지금은 나카메구로 中目黒 하천 산책길을 언제든 걸을 수 있는 거리에 살고 있다. 벚꽃이 피면 거리 전체가 분홍빛으로 물들고, 가을이면

어쩌다 보니 흐른 11년의 시간

은행잎이 노랗게 깔리는 풍경 속에서 걷는 것 자체가 매일을 살아가는 동력이 되기도 한다.

일본은 '작지만 확실한 행복'을 잘 아는 사회다. "어차피 집은 못 사니 오마카세おまかせ나 먹자" 식의 욜로YOLO족의 행복 추구와는 조금 다르다. 이곳의 소확행은 일상에 정성을 들이는 태도에 가깝다. 편의점 아르바이트 직원이 상품을 정리하는 손길에서도 성실함이 느껴졌고, 그런 사소한 모습이 이상하게 감동적으로 다가오기도 했다. 뿐만 아니라 아르바이트도 하나의 당당한 직업으로 존중받고, 사람을 평가할 때도 직업명이나 연봉보다 그 사람이 자기 삶을 얼마나 진지하게 살아가고 있는지를 먼저 본다. 물론 속으로는 무슨 생각을 할지 몰라도, 적어도 겉으로는 타인의 삶에 대한 평가를 드러내지 않는다는 점이 특히 인상 깊었다. 남들과 비교하지 않는 태도도 그렇다. 연봉이 수억 원이 넘는 사람도 본인이 좋아하는 귀여운 경차를 타고 다니고, 누구도 거기에 큰 관심을 두지 않는다. 물론 요즘 20대들 사이에선 SNS의 영향으로 분위기가 약간은 달라지기도 했지만, 여전히 '나답게 사는 삶'이라는 가치는 일본 사회에 깊이 뿌리내려 있다.

취미도 마찬가지다. 유행을 따르기보다는 자기가 좋아하는 걸 묵묵히 오래 즐기는 사람들이 많다. 지하철에서 80대 할아버지가 만화책《원피스》를 읽고 있어도 전혀 이상하지 않다. 그런 분위기 속에서 나도 점점 '다른 사람이 나를 어떻게 볼까'보다 '나는 뭘 진짜 좋아하지?'를 더 자주 생각하게 됐다. 유튜브 채널 '정세월드'를 계속 이어 나가는 것도, 그러한 나만의 관찰을 기록해 보고 싶어서였다. 처음엔 누가 이런 일상에 관심을 가질까 싶었지만, 뜻밖에도 많은 공감과 응원의 메시지를 받았다. 나의 관찰이 누군가에게 위로가 된다는 건 생각보다 훨씬 따뜻한 경험이었다. 이 자리를 빌려서 구독자분들에게 진심 어린 감사의 인사를 전한다.

또한 일본의 지방 도시는 정말 각기 다른 색깔을 갖고 있다. 국토 면적만 해도 우리가 생각하는 것보다 훨씬 넓어서, 도쿄에 있다고 해도 도쿄역 기준으로 아무리 빨라도 24시간은 걸리는 '도쿄도 오가사와라小笠原'* 같은 섬도 있다. 도쿄 끝에서 도쿄 끝까지 24시간 넘게 걸릴 수도 있다는 얘기다. 전국에 크고 작은 화산이 산재해 있는 걸 보면, 일본 전역이 초대형 제주도 같은 느낌이기도 하다. 그만큼 지역마다 기후와 풍경, 문화가 뚜렷하게 다르고, 지방정부들은 관광 활성화를 위해 정말 다양한 노력을 기울이고 있다. 일본 내국인은 물론 외국인 유치에도 적극적인데, 어떤 소도시는 외국인들로 구성된 관광홍보 '어벤저스 부서'를 운영하기도 한다. 한국에 있을 땐 들어본 적도 없었던 홋카이도北海道의 작은 동물원까지 외국인 관광객들로 북적이는 걸

---

* 오가사와라(小笠原, おがさわら): 본 도쿄에서 남쪽으로 1,000km 정도 떨어진 아열대~열대에 걸친 군도. 편집자 주

보면, 이 나라의 지방 마케팅은 본받을 점이 많다고 느낀다. 후쿠오카福岡의 여유로움, 아키타秋田의 눈, 마쓰야마松山의 고즈넉함처럼, 새로운 도시에 갈 때마다 나는 관광객이 아닌 생활자의 시선으로 그곳을 바라 보려 노력한다. 오래된 찻집, 마을 조합에서 운영하는 새벽시장, 친절한 점원이 있는 슈퍼마켓 같은 일상 속 디테일은 여행을 더욱 따뜻하게 만들어줬고, 그런 경험 하나하나가 일본에서의 삶을 입체적으로 채워주었다. 우리 한국도 지역별 매력이 뚜렷하고 정 많은 동네들이 많은 만큼, 시골 구석구석까지 전 세계 사람들이 여행 오게 된다면 얼마나 좋을까, 그런 상상도 종종 하게 된다.

삶의 방향을 다시 정의하게 된 시간

내가 겪어온 일본은 단순히 살기 좋은 곳이 아니라, '내가 나답게 살아갈 수 있는 공간'이었다. 유행보다 취향을, 경쟁보다 조화를 중시하는 사회 속에서, 누군가는 시골로 떠나고, 누군가는 도시에서 안정을 찾는다. 그 어떤 삶이든 존중받는 분위기 속에서 나도 조금씩 내 자리를 찾아가고 있다. 물론 나는 여전히 외국인 등록증을 가진 이방인이지만, 도쿄라는 도시가 나를 천천히 품어주고 있다는 느낌은 분명히 있다. 그렇게 걷고, 관찰하고, 기록하며 어느덧 11년이라는 시간이 흘렀다.

한국과 일본, 닮은 듯 다르지만 결국 사람 사는 건 다 비슷하고, 노력해서 안 되는 일은 많지 않다. 가족이 보고 싶을 땐 비행기를 타고 두 시간만 날아가면 만날 수 있고, 우리 집 김치찌개나 순대국밥이 미친 듯이 그리워지면 언제든 다녀올 수도 있다. 내년쯤 갑자기 짐을 싸서 한국으로 돌아가겠다 선언할지도 모를 일이지만, 어쨌든 지금 이 순간의 나는 이곳에서 잘 살고 있다.

참고로, 이 책은 일본이나 도쿄를 예찬하기 위해 쓰인 것이 아니다. 나는 여전히 일본보다 한국을 더 사랑하고, 더 걱정하며, 한일 축구 경기에서는 언제나 한국을 응원한다. 다만 이곳에서 보낸 11년의 시간 동안 스스로에게 수없이 던졌던 질문, '나는 어떤 삶을 좋아하는 사람인가'처럼, 각자가 좋아하는 것을 향해 조금씩 나아가는 삶이 얼마나 소중한지를 이야기하고 싶었다. 결국 우리가 어디에 살든, 어떤 언어를 쓰든, 나다움을 잃지 않고 살아가는 것. 그것이야말로 진짜 자리 잡기 아닐까.

'정세월드'의 탄생

유튜브 채널 '정세월드'의 시작은 생각보다 굉장히 단순한 이유에서 출발했다. 어느 날, 당시 내가 속해 있던 회사에서 영상 기반의 새로운 플랫폼 사업을 준비하게 되었고, 나는 그 프로젝트의 기획을 담당하게 되었다. 단순히 문서로만 기획할 순 없었다. 영상 플랫폼이 어떻게 작동하고, 어떤 콘텐츠가 반응을 얻으며, 왜 어떤 채널은 성공하고 어떤 채널은 조용히 사라지는지, 그걸 이론이 아닌 실제로 체험해 보지 않으면 감을 잡지 못할 것 같았다. 수없이 조사해 봐도 어디까지나 소비자의 시선이었고, 나는 그 생태계에 직접 들어가 깊이 경험하고 싶었다. 그래서 생각했다. 가장 빠르고 확실하게 이해할 수 있는 방법은, 직접 영상을 찍고, 편집하고, 올려보는 것이라고. 그렇게 정세월드는 단 하나의 목표, 공부를 위한 테스트 계정으로서 조용히 탄생했다.

채널 이름은 지금 생각하면 민망할 정도로 가볍게, 그리고 빠르게 정해졌다. 어릴 적부터 친구들이 나를 '정세'라고 불렀고, 앞이나 뒤에 뭘 붙일지 고민하다 그냥 '월드'를 붙였다. 정세월드. 무슨 테마파크 이름 같기도 하고, 어딘지 촌스럽고 낯간지러운 구석도 있지만, 뭐 어때. 어차피 테스트용이었고, 잘돼도 몇 명 안 보겠지 싶었다. 이렇게 즉흥적으로 지은 이름이 나중에 책 한 꼭지의 제목이 될 줄, 그 당시에는 상상도 못 했지만 말이다.

정세월드의 첫걸음

첫 영상은 뭘 찍을지 꽤 고민했다. 잘해야 한다는 부담은 없었지만, 그래도 첫인상이니까 신중해야 했다. 결국 선택한 주제는 '산책'이다. 나는 평소에도 걷는 걸 좋아했고, 일본에서의 첫 4년을 보낸 도쿄의 키치조지라는 동네는 그중에서도 내가 가장 사랑하던 산책 코스였다. 그날도 카메라를 들고 평소처럼 거리를 걸었다. 마이크에 대고 말할 용기는 도저히 나지 않았고, 거리에서 사람들에게 말을 거는 건 더더욱 상상도 못 했다. 그래서 목소리는 생략하고 자막으로만 이야기를 덧붙였다. 지금 보면 영상은 투박하고 편집도 어설프지만, 나로서는 큰 용기를 내어 꿴 첫 단추였다.

영상이 업로드되자, 의외로 따뜻한 댓글들이 달리기 시작했다. "일본의 거리 소리가 좋아요." "차분해서 힐링된다." 영상의 퀄리티보다도 분위기, 그리고 지나가는 풍경 자체가 사람들에게 위로가 된다는 사실은 내겐 놀라운 발견이었다. 그렇게 업무를 위한 실험체로서 시작한 정세월드는 조용히 사람들과 시간을 나누는 작은 공간으로 자리를 잡아가기 시작했다.

17만 명이 넘는 구독자를 보유한 채널이 된 지금, 영상 제작은 어느새 나의 소중한 취미이자 일상의 일부가 되었다. 일본 곳곳을 돌아다니는 걸 원래도 좋아했기 때문에, 카메라를 드는 일은 나의 여행에 작은 도구가 하나 추가된 정도로만 여겨진다. 억지로 콘텐츠를 만들기 위해 떠난 여행이 아니라, 단지 내가 좋아하는 일을 하는 김에 그것을 기록하는 것. 그래서 촬영은 언제나 부담이 없었고, 때론 나 자신에게 주는 선물이며 즐거운 취미 같기도 했다.

    물론 실패도 있었다. 예를 들어, 한 번은 해외여행 유튜버들에게 영감을 받아 일인칭 시점의 여행 영상 촬영을 시도한 적이 있다. 마치 예능 속 주인공처럼 내가 보는 그대로를 보여주며 길을 걷고, 혼잣말도 하고, 카메라를 들고 음식을 먹는 장면까지 담아봤지만… 재미가 없었다. 진짜 하나도. 스스로 봐도 민망했고, 그 영상을 본 가족들조차 말을 아꼈다. 결국 얼마 못 가서 해당 방식으로 촬영한 모든 영상을 다 내렸다. 그리고 다시 깨달았다. 콘텐츠는 따라 하는 게 아니라, 내가 좋아하고 잘할 수 있는 걸 해야 한다는 걸.

    특히 기억에 남는 영상 중 하나는 지금 살고 있는 집으로 이사한 날 찍은 브이로그다. 사실 특별할 것 없는 영상이었지만, 그 영상은 처음으로 조회수 10만 회를 넘겼다. "이게 왜 이렇게 잘 되지?" 싶었지만, 돌이켜보면 '집'이라는 주제 때문이었던 것 같다. 일본의 집은 여행자들이 쉽게 경험할 수 없는 공간이고, 또 한국에서는 부동산이라는 키워드가 워낙 뜨거우니 많은 분이 흥미를 느끼신 것 같았다. 전 세계 어디서든 유튜브를 하려는 사람에게는 '부동산 소개 영상'을 추천하고 싶다. 민망하지만, 분명 효과는 있을 것이다.

이제는 함께 걷는 길

시간이 흐르고, 어느 날 갑자기 전 세계에 코로나19 바이러스가 퍼졌다. 일본의 국경은 닫혔고, 많은 사람이 일본을 방문할 수 없게 되었다. 그 시기, 정세월드를 찾아주는 사람들이 조금씩 늘어나기 시작했다. 이전까지는 단순히 나의 디지털 일기장이었던 채널이, 이제는 누군가의 기억과 그리움을 채워주는 공간이 되어가고 있었다. 어떤 이는 일본 여행에서 찍었던 사진을 떠올리

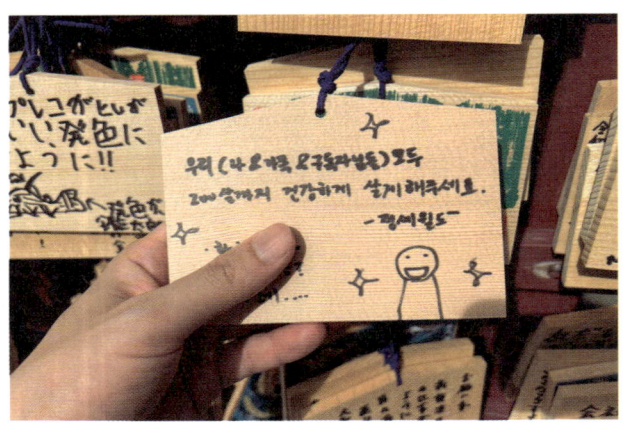

며 영상에 댓글을 달았고, 어떤 이는 언젠가 꼭 가고 싶었던 장소의 분위기를 화면으로나마 느껴서 좋다며 감상을 남겼다. "일본 거리의 생생한 소리를 들으며 위로 받는다"라는 댓글은 단순히 내 영상이 좋다는 말보다 더 큰 보람으로 다가왔다.

특히 기억에 남는 댓글이 몇 개 있다. 그중 하나는 "30년 전 유학 시절에 살던 동네를 다시 보여줘서 감사하다"라는 중년 시청자의 말이었다. 나로서는 그냥 평범하게 찍은 동네 산책 영상일 뿐이었는데, 누군가의 오래된 추억을 되살린다는 사실에 감상이 새로웠다. 또 다른 구독자는 "입대하러 갑니다"라는 댓글을 남긴 지 2년 만에, "전역하고 돌아왔어요"라며 다시 댓글을 남겼다. 유튜브 채널이라는 공간이 이처럼 누군가의 시간과 함께 흐른다는 사실은, 내게 아주 깊은 감동을 줬다.

물론 악플도 있었다. 하지만 정말 이상할 정도로 전혀 상처받지 않았다. 내가 생각보다 멘탈이 강한가? 혹시 이 책을 읽고 있는 악플러 분이 계신다면… 효과 없으니 그만 고생하셔도 됩니다.

구독자와의 교감을 시작한 이후, 영상의 방향성도 조금씩 달라졌다. 유명 관광지보다는 내가 사는 동네, 즐겨 걷는 거리, 조용한 골목, 편의점 커피와 계란 샌드위치. 사람들은 그런 소소한 일상들 속에서 진짜 일본의 모습을 느끼는 것 같았다. 나는 어느새 '보여주는 콘텐츠'가 아니라, '함께하는 콘텐츠'를 만들게 되었다. 영상을 만들면서도 내내 혼자라는 느낌은 들지 않았다.

어딘가에서 누군가가 함께 걷고 있다고 생각하면, 영상을 찍는 과정도 더 즐거워졌다.

그래서 오늘도 영상을 만들 때 '봐 주세요'가 아니라 '같이 가요'라는 마음으로 만든다. 나의 시선이 누군가의 눈이 되기를 바라고, 나의 발걸음이 누군가의 하루에 함께하길 바라며, 오늘도 조용히 걷는다.

사실, 나는 원래 편지 쓰는 걸 좋아하는 사람이었다. 대학 시절 여행을 갈 때마다 친구들에게 엽서를 보냈다. 많을 땐 20명이 넘는 '받는 사람' 리스트를 들고 다니며, 현지 카페에 앉아 한 장 한 장 손 글씨로 편지를 썼다. 지금은 댓글이라는 이름으로, 그리고 이 책이라는 형식으로 또다시 누군가에게 편지를 쓰고 있다. 종이에서 영상으로, 영상에서 활자로 표현 방식은 달라졌지만, 그 마음만큼은 예전과 하나도 달라지지 않았다.

정세월드는 그렇게 아주 조용히 시작되었지만, 지금은 나를 포함해 수많은 사람을 연결해 주는 하나의 작은 세계가 되었다. 그리고 그 세계 속에 지금, 이 글을 읽고 있는 당신도 있다는 사실이 참 따뜻하고도 고맙다.

도쿄에서
내 집 마련

월세의 나라 일본

처음 일본에 왔을 때, '내 집 마련'은 말 그대로 꿈같은 이야기였다. 일본에서의 삶이란 곧 월세의 연속이라는 생각을 했고, 사실 그게 당연하다고 여겼다. 한국에선 전세도 있고 반전세도 있고, 다양한 방식으로 주거비를 조절할 수 있지만 일본은 오직 두 가지 선택지뿐이다. 매매 혹은 월세. 그 사이 옵션은 없다.

처음 살았던 곳은 키치조지였다. 일본인들이 가장 살고 싶어하는 동네 1위에 자주 꼽히는 동네라는 말에 혹했기 때문이었다. 월세는 9만 엔. 겉보기엔 멀쩡한 맨션이었지만, 안에 들어서자 '작다'는 말로는 부족한 공간이었다. 싱글 침대 하나, 작은 책상

하나로 방이 꽉 찰 정도였다. 특히 계약할 때는 몰랐지만, 한 겨울엔 창문을 닫아도 찬 바람이 솔솔 들어와 추위에 떨었다. 그래도 바로 옆에 녹음 진 이노카시라 공원이 있어서 그나마 위로가 됐다. 커다란 호수 주변으로 자전거를 타는 사람들, 벤치에서 도시락을 먹는 가족들, 그리고 멀리서 들려오는 거리 공연의 음악들과 호수 위를 떠다니는 오리배의 모습은 아직도 눈에 선하다.

좋은 점도 많았지만, 살아보니 현실은 녹록지 않았다. 벽은 종잇장처럼 얇아 새벽마다 옆집 이웃의 알람 소리에 눈을 떴고, 단열 따위는 신경 쓰지 않은 집이라 겨울이면 전기장판에만 의지해 몸을 녹여야 했다. 게다가 이사 나올 때는 또 다른 시련이 기다리고 있었다. 한국처럼 일본도 퇴실 시 '원상복구'라는 개념이 강해서, 입주 당시의 상태로 돌려놓지 않으면 보증금에서 수리비가 빠져나간다. 문제는 아무리 조심히 써도 생기는 작은 벽 긁힘이나 가구로 인한 자국도 청구 대상이 된다는 것이다. 잘못하면 내가 만들지도 않은 흠집의 수리비를 대신 물어줘야 한다. 그래서 일본에선 입주할 때 사진을 가능한 한 많이 찍어두는 게 필수다. 말하자면 '이건 내 잘못이 아니에요'를 입증하기 위한 철저한 방어 기제다.

이후 옮긴 거처는 나카메구로. 월세는 14만 엔으로 올랐지만, 삶의 질도 확연히 나아졌다. 이 집에서 유튜브 채널 '정세월드'도 처음 시작되었다. 옥상 발코니가 있는 집이었는데, 캠핑 의자를 펼치고 노을을 보며 앉아 있으면 세상 부러울 게 없었다. 저녁에는 은은한 조명이 켜진 옥상에서 혼자 맥주를 마시기도 했고, 새벽엔 하천을 따라 이어진 산책로를 조용히 걷곤 했다. 30년 된 오래된 집이었지만, 일본에서는 이 정도 연식이면 오히려 평범한 편이었다. 주방은 작았지만 요리를 자주 하는 스타일이 아니라서 그럭저럭 괜찮았고, 무엇보다도 나카메구로라는 동네 특유의 세련됨과 한적함이 조화를 이루는 분위기가 좋았다.

하지만, 시간이 지나며 머릿속을 맴도는 생각이 있었다. 이렇게 매달 수백만 원을 공중으로 날리는 게 과연 맞는 걸까? 첫 집이

9만 엔, 두 번째 집은 14만 엔. 관리비를 포함하면 한국 돈으로 매달 100만 원 이상을 월세로 내고 있었고, 연간으로 따지면 1,000만 원이 넘는 돈이 사라지고 있었다. 마치 내가 낸 돈이 공중에 흩어지는 세금 같았다. 돈을 썼는데, 아무것도 쌓이지 않았다. 통장의 잔고만 바닥날 뿐이었다.

그즈음, 주변의 한국인 지인들이 하나둘씩 집을 사기 시작했다. 어떤 분은 일본에 온 지 1~2년밖에 안 됐는데도 집을 샀다는 이야기를 듣고는 놀라움과 궁금증이 뒤섞였다. 나는 아직도 월세 인생인데, 어떻게 그럴 수 있지? 궁금함은 질문으로 이어졌고, 질문은 점차 정보를 끌어오기 시작했다.

일본인 지인들에게 물어보니, 생각보다 많은 일본인들이 집을 사는 데 소극적이라는 걸 알게 됐다. 버블 붕괴 이후 집값 하락에 대한 트라우마가 남아 있어서인지, 집은 오히려 감가상각되는 소비재라는 인식이 강했다. 마치 자동차처럼 사는 순간부터 가치가 떨어지는 물건이라는 것이다. 반대로 외국인인 나에게는 그런 선입견이 없었다. 도쿄의 집값은 세계 다른 도시들과 비교하면 의외로 저렴하게 느껴졌고, 앞으로 오를 여지도 충분하다고 판단했다. 실제로 도쿄와 비슷한 국제도시들, 예컨대 뉴욕, 파리, 런던 등과 비교해 보면 같은 규모지만, 일본의 집값이 훨씬 저렴했다. 바로 그 격차가 지금이 집을 사야 할 때라고 나를 설득시켰다.

게다가 일본의 부동산 시장은 외국인에게도 상당히 열려 있었다. 영주권만 있으면 일본인과 똑같은 조건으로 주택 담보 대출이 가능했고, 무려 집값의 100%까지도 대출이 가능했다. 금리는 0.5% 미만, 거의 공짜에 가까운 수준이었다. "일본 은행에서 돈을 빌려 한국의 은행에 넣어만 놔도 이자로 돈을 버는 건가?"라는 생각도 들기 시작했다.

일본은 초저금리 시대를 오래 유지해 왔기 때문에, 주택 구매자에게 굉장히 유리한 환경이다. 뿐만 아니라 정부의 세금 공제 혜택도 매력적이었다. 조건만 충족되면 대출 이자의 일부를 10년간 소득세에서 공제해 주는 제도도 있었는데, 계산해 보니 은행 이자보다 세금 공제액이 더 큰 경우도 있었다. 한국 돈으로 1억 원어치 대출을 받으면 10년간 매년 약 700만 원의 세금을 돌려받는 셈이었다. 이쯤 되면 손해 볼 이유가 없었다. 집값이 오르지 않고 유지되기만 해도 월세보다 훨씬 유리했다.

'살고 싶은 동네에, 적정한 가격에, 낮은 금리로 집을 산다.' 계산기를 두드려보니 수학적으로도, 감정적으로도 충분히 납득이 가는 그림이 그려졌다.

부동산 매물 고르는 팁, 그것이 알고 싶다

집을 사기로 마음먹었다면, 다음부터는 '어디에, 어떤 집을'이 핵심이다. 일본에 오래 살아도 이건 여전히 어렵다. 특히 우리 같은 외국인으로서는 정보 접근이 제한적인 경우도 많고, 그 지역의 분위기나 감각은 직접 발품을 팔아야만 체감할 수 있기 때문이다. 요즘 일본도 지역에 따라 부동산 가격의 움직임이 크기 때문에, 아무 데서나 덜컥 계약했다가는 후회할 수 있다.

부동산에서 가장 중요한 건 역시 입지다. 이건 전 세계 공통의 진리다. '도쿄면 다 좋은 거 아니야?' 싶겠지만, 도쿄라고 다 같은 도쿄가 아니다. 한국에서도 누군가 "강남구에 산다"라고 하면 "오~" 하는 반응이 나오는 것처럼, 일본도 도시마다 "오, 거기 좋은 동네지"라는 감탄이 나오는 지역이 있다. 그런 동네는 보통 수요가 꾸준히 있고, 가격도 쉽게 내려가지 않는다.

나는 집을 보러 다닐 때마다, 단순히 건물 내부나 평수보다도 동네 자체를 많이 관찰하려고 했다. 근처에 카페가 많은지, 서점이나 편의점과 슈퍼가 있는지, 낮과 밤의 분위기가 다른지 같은 걸 꼼꼼히 봤다. 동네에 들어섰을 때 왠지 기분이 좋아지는 곳이라면, 나에게 맞는 동네일 가능성이 크다.

일본에서 집을 구하는 가장 기본적인 방법은 해당 지역에 직접 가서 현장을 살펴보는 '임장臨場'이다. 시간 되는 주말마다 부동산을 돌며 동네 분위기와 맨션의 입지, 평면도를 보는 게 좋다. 시간이 없을 땐 일본 3대 부동산 사이트를 활용하는 것이 기본이다.

대표적인 사이트는 '스모 suumo.jp', '홈즈 homes.co.jp', '앳홈 athome.co.jp' 세 곳이다.

사이트에 올라오는 평면도를 보다 보면, 나도 모르게 인테리어 배치까지 상상하게 된다. 그리고 재미있는 사실 하나. 일본은 같은 맨션 안에서도 집마다 도면이 천차만별이다. 한 아파트에 100세대가 있으면 80개의 다른 도면이 나올 정도다. 채광, 뷰, 동향, 층수에 따라 구조가 달라지고, 그에 따라 가격도 전부 다르다. 즉, 똑같은 맨션이라도 내가 고른 도면이 어떤지에 따라 전혀 다른 가치를 가지게 된다. 일본에서 집을 본다는 건 결국 도면을 보는 눈을 기르는 일이기도 하다.

조금 더 깊이 있는 분석을 원한다면, 추천하는 사이트가 두 군데 있다.

첫 번째는 부동산 회사 홈즈 HOMES에서 운영하는 통계 사이트인 '라이풀 홈즈 인덱스 lifullhomes-index.jp'인데, 구·동·마을 단위로 맨션 가격의 장기적 추이를 보여준다. 10년 치 데이터를 보면 지금 동네가 안정적으로 유지되고 있는지, 서서히 하락하고 있는지 알 수 있다. 천천히 내려가는 동네는 매수 시 주의가 필요하다. 일본의 집값은 한번 떨어지기 시작하면 회복이 더딘 경우가 많기 때문이다.

　두 번째는 '맨션 리뷰mansion-review.jp'라는 사이트다. 개별 맨션의 과거 매매가와 월세 시세, 건축 연도, 주변 시세 비교까지 할 수 있어서, 중고 맨션을 살 때 특히 유용하다. 마음에 드는 집이 있다면, 여기에 검색해 시세 흐름을 확인하고, 주변 맨션과 비교해 '내가 바가지를 쓰고 있는 건 아닌지'를 점검할 수 있다. 호가와 거래 이력이 데이터로 누적되어 있어 매물의 적정 가격 판단에 큰 도움이 된다.

　나 같은 경우는 맨션 공부를 처음 시작할 때, 주말마다 새로 지어지는 모델하우스들을 일부러 찾아다녔다. 예약을 하면 기본 두 시간 동안 아주 친절하게 설명을 해주는데, 동네 입지, 가격 추이, 상권 전망, 건물의 디자인, 시공사, 그리고 왜 이 맨션이 지금 이 가격인지까지 아주 구체적으로 들을 수 있다. 상담이 끝나면 택시를 불러 실제 건설 현장도 데려다주니, 누구라도 어렵지 않게 맨션 초보를 탈출할 수 있다.

　심지어 그 모든 과정은 당연히 무료이고, 상담 중에 맛있는 캡슐 커피도 내려준다. 주말에 카페만 가는 것도 좋지만, 한 번쯤은 모델하우스 투어를 해보는 것도 나쁘지 않다. 인테리어 트렌드 구경은 덤이다.

　그리고 일본의 집을 찾다 보면 반드시 마주하게 되는 용어가 있다. 바로 'LDK'다. Living, Dining, Kitchen의 약자인데, 이를 테면 1LDK는 방 하나와 거실·식당·주방이 결합된 구조다. 2LDK는 방 두 개에 거실·식당·주방이고, 만약 방 하나와 주방만 있다면 1K 혹은 1DK로 표기된다. 그렇다면 원룸은? 일본에서는 그것을 1R, 즉 원룸Room으로 따로 구분한다. 일본에서 부동산을 본다는 건, 알파벳 해석부터 시작되는 일이다. 또  참고로 일본에서는 방 크기를 '조畳' 단위로 나타내는데, 이는 다다미 한 장의 면적을 뜻한다. 일반적인 1조는 약 $1.6m^2$ 정도로, '6조 다다미방'이면 대략 $10m^2$ 정도 되는 셈이다.

살면서도 공부, 사면서도 공부. 일본의 집 구하기란 그렇게 나의 학구열을 자극하는 일이었다. 그리고 한 가지 확실한 건, 공부한 만큼 더 나은 선택을 하게 된다는 것이다. 주말마다 맨션 모델하우스를 돌며 입지를 보는 감을 키우고, 집을 둘러보며 내 생활의 기준을 고민했던 시간들이 쌓여 지금의 집을 찾을 수 있었다.

일본에서 집 사기

문제는 하나, 영주권이 없었다. 그전까진 영주권이라는 걸 진지하게 생각해 본 적이 없었는데, 이 일을 계기로 신청을 결심했고 다행히 예상보다 빨리 취득할 수 있었다. 모아둔 돈은 별로 없었지만, 100% 대출이 가능하다면 일단 시작해 보는 데 의미가 있다고 판단했다. 나는 본격적으로 임장에 나섰다.

일본의 아파트, 즉 '맨션'은 동네마다 분위기, 연식, 구조, 가격이 천차만별이다. 처음엔 그저 보는 것만으로도 재미있었다. 신축도, 구축도 가리지 않고 봤다. 신축의 경우 오다이바お台場, 도요스豊洲 같은 바다 매립지에 들어선 타워맨션들이 인기였다. 규모가 크고 평수 대비 가격도 합리적인 편이었지만, 나는 고층 아파트는 한국에서 충분히 살아봤다는 생각에 큰 매력을 느끼진 못했다.

대신 나는 저층의, 4~5층 정도의 맨션을 선호한다. 일본에서는 이런 저층 맨션도 관리인이 상주하고, 관리회사에서 청소도 잘해주기 때문에 충분히 쾌적하게 살 수 있다. 한국에서라면 관리 부실로 기피 대상이 될 만한 오래된 골목길 빌라 형태의 집도, 이곳에선 관리 체계가 잘 잡혀 있어서 훨씬 안정적인 느낌을 주었다.

개인적으로는 구축 맨션에 끌렸는데, 오래된 건물에는 묘한 정취와 디자인의 멋이 있었기 때문이다. 기억에 남는 집도 몇 있다. 예컨대 시모키타자와下北沢에 위치한 한 집은 마치 유럽의 구도심을 옮겨놓은 듯한 분위기였다. 벽난로가 있었고, 부엌엔 유럽

풍 세라믹 기기가 설치돼 있었으며, 바닥엔 카펫이 깔려 있었다. 아직도 눈에 아른거리는 집이지만, 가격이 너무 비싸 포기했다.

또 하나 기억에 남는 집은 에비스역恵比寿駅 근처의 단독주택이었다. 도쿄 한복판에서 노란색 3층짜리 단독주택을 토지를 포함해 한국 돈으로 5억 원에 살 수 있다니! 그러나 망설이는 바람에 다른 사람이 계약해 버렸고, 지금은 집값이 두 배가 넘게 올랐다고 들었다. 인생에 세 번 온다는 기회 중 하나를 놓쳤다고 생각하면 가슴이 쓰리다.

그렇게 2년에 걸쳐 수십 곳을 돌아다니며 나만의 기준이 생겨났다. 가장 중요하게 생각했던 건 창밖의 풍경이었다. 집 안이 아무리 멋져도, 창문을 열었을 때 옆 건물 벽만 보이면 우울해지는 법이다. 나는 커튼을 치고 살아야 하는 삶이 싫었다. 내가 결국 일본에서 사게 된 집은 창밖으로 하늘이 넓게 보이고, 햇살이 집 안 깊숙이 들어오는 집이다. 그 개방감이 매매 계약을 택한 결정적인 이유였다. 집이라는 건 결국 하루의 시작과 끝을 맞이하는 공간인데, 그 풍경과 마주할 수 없다면 쉽게 지치기 마련이다.

두 번째 기준은 입지였다. 일본에서 집을 산다는 건 35년 대출을 짊어지는 일이지만, 그 집을 35년 동안 꼭 가지고 있을 필요는 없다. 언젠가는 팔 수도 있다는 걸 전제로 한다면 많은 사람들이 살고 싶어 하는 동네, 즉 수요가 꾸준한 지역이어야 했다. 그래서 도쿄 내에서도 인기 있는 동네 중심으로 집을 봤고, 결국 그 기준이 맞아떨어졌다.

　마침내 도쿄 다이칸야마代官山 근처에서 조건에 맞는 집을 발견했다. 거래가 취소돼 급하게 다시 매물로 나온 집이었고, 주변보다 저렴한 가격에 나왔다. 다음 날 아침 첫 일정으로 그 집을 보러 갔고, 그 자리에서 바로 계약을 결정했다. 나의 일본 생활에서 첫 번째 집을 사게 된 순간이었다. 얼핏 보면 충동적인 결정 같지만, 2년간의 임장과 수십 곳의 데이터를 축적한 나에겐 매우 합리적인 선택이었다. 학습과 경험을 기반으로 한 즉흥, 어쩌면 최고의 조합 아닐까?

　지금도 나는 여전히 맨션 구경을 즐긴다. 일본은 고층 아파트 일색이 아닌, 다양한 디자인의 저층 맨션들이 골목마다 이어져 있다. 시대별 외벽 타일의 색감, 창문 구조, 입구의 조경까지… 산책을 하며 마주치는 맨션들을 보면 마치 건축 잡지를 읽는 기분이다. 예전에는 단순히 외관을 바라보는 것에서 끝났다면, 지금은 "이 집은 몇 년도에 건축됐을까?", "관리비는 어느 정도일까?", "이 집에는 어떤 사람이 살고 있을까?" 하는 상상까지 곁들여진다.

　집을 산다는 건 단순한 부동산 거래가 아니다. 어떤 동네의 일원이 되는 일이고, 나의 일상과 삶을 그리는 공간을 선택하는 일이다. 일본에서, 도쿄에서, 나는 그렇게 나만의 공간을 만들고 확장해 나가고 있다.

내가 60년 넘은
도쿄 아파트를 산 이유

바야흐로 2024년 4월, 여느 때와 같이 퇴근 후 인터넷 서핑을 하던 중이었다. 부동산 물건 하나가 유난히 시선을 끌었다. 바로 내가 도쿄에서 가장 좋아하는 동네, 4년을 내리 살았던 나카메구로에 있는 매물이었다. 1,530만 엔, 한국 돈으로 약 1억 4천만 원짜리였다. 이런 가격대의 매물이 올라올 수 있는 동네가 아니라 왠지 궁금해졌고, 곧바로 부동산에 연락해 방문을 예약했다. 위치도 벚꽃으로 유명한 나카메구로 하천에 딱 붙어 있어 풍경이 가히 환상적일 텐데, 내부는 어떨지 몹시 궁금해졌다.

매물 정보를 사전 조사해 봤더니 이 집이 저렴하게 나올 수밖에 없는 확실한 이유가 있었다. 1963년에 지어진, 무려 61년 된 집이라는 것. 한국에서 오래된 것으로 유명한, 1979년생 강남의

은마아파트보다 무려 15년이나 더 된 건물이다. 대개 한국에서는 상상조차 할 수 없는 연식이지만, 재건축이 드문 일본에선 이렇게 오래된 건물을 도쿄 핵심 상권에서도 흔히 만날 수 있다.

나의 새로운 인연, 레트로 아파트

약속한 날이 되어 레트로 아파트와 처음으로 조우하는 날. 이 세상 모든 만남은 첫 만남이 가장 중요하다고 하지 않던가. 나의 솔직한 첫인상은 '이런 위치에 이 정도 뷰의 집이라면 나쁘지 않다'였다. 다만 60년 전 아파트라 엘리베이터는 있을 리 만무했고, 여기저기 오래된 부분이 두드러져 언뜻 보면 일본 근대화 박물관 같기도 했다.

그렇게 낡은 집을 구경하고 나와 홀린 듯이 충동적으로 구매 의향서를 제출하게 되었다. 다만 90만 엔을 깎아주면 사겠다는 조건을 내걸었다. 일본 주식 계좌에 딱 그만큼의 돈만 남아 있었기 때문이다. 집주인은 흔쾌히 집값을 깎아주었고, 본계약을 체결하기로 했다.

인생 두 번째 매매 계약을 체결하며

그렇게 한 달이 지난 2024년 5월, 두 번째 집을 사러 가는 날이 찾아왔다. 기존 집 대출이 많기에 이번에는 전액 현금으로 구매하기로 했다. 매매 체결 약속 시간인 오후 6시, 부동산에 들어가서 수십 장의 서류에 도장을 찍고 나오니 어느덧 오후 7시 12분이었다. 손에 들려 있는 본계약서와 수많은 문서를 바라보니 피로감이 몰려왔다. 일단 곧바로 귀가하여 맥주 한 잔으로 집 매매 계약을 기념했다.

한 달 뒤, 남은 순서를 밟아야 하는 날이 도래했다. 잔금을 치르고 법원에 등기도 하고, 집 열쇠도 받으면 매매의 모든 절차가 끝이 난다. 그간 정든 나의 주식이 집 열쇠로 치환되는 순간이다. 한국도 그렇지만, 일본에서도 집을 살 때는 각종 부대 금액이 추가된다. 나의 경우 부동산 수수료, 인지대, 등기비, 화재 보험료 등 총 약 82만 엔이 들었다. 피땀 흘려 번 돈이 졸지에 훅 빠져

나가는 느낌이라 갑자기 가슴이 아프기도 했다.

도쿄 아파트 매입에 든 비용

주택 구매	1,440만 엔
부동산 수수료	52만 엔
인지대	1만 엔
화재 보험료	4만 엔
소유권 등기	20만 엔
취득세	15만 엔
인테리어	385만 엔
총 비용	1,917만 엔

임전무퇴의 정세월드. 여기서 후퇴할 수 없다. 마지막 격전지는 도쿄 신주쿠. 1,500만 엔을 들고 비장하게 향한 곳은 신주쿠의 한 대형 은행이다. 그리고 한 시간 뒤 모든 절차가 통장 잔고가 바닥을 드러냄과 동시에 끝이 났다. 구매한 집은 현재 거주지에서 도보 17분 거리에 있다. 집을 사긴 했지만 어떻게 활용할지 결정하지 못해 2주 동안 방문을 미루기만 하던 찰나, 드디어 집을 살펴보러 향했다.

구매한 집의 입지는 아주 좋다. 집 앞에 위치한 메구로 강가는 도쿄 최고의 산책로 중 하나다. 그리고 나카메구로는 도쿄 제일의 카페 격전지이기도 하다는 장점이 있다. 집에서 2분 거리에는 근사한 브런치 맛집도 있고, 도쿄 여행자의 필수 코스이자 한때 세계 최대 규모였던 4층짜리 스타벅스 리저브도 5분 거리에 있다. 한국인 여행객들 사이에서 유명한 츠타야 서점도 걸어서 금세 닿는다. 그뿐만 아니라 밤늦게 닫는 2층짜리 대형 슈퍼는 물론, 생활 밀착형 동네 목욕탕이나 코인 세탁방도 즐비해 살기 편한 동네다. 유난히 한국 여행객이 좋아하는 가게가 많아 한 달 살기용 집으로 운영할까도 생각했지만, 내성적인 나로서는 1년 동안 열두 명의 손님을 응대하는 건 영 무리라고 판단했다.

집을 구매하고 처음으로 아파트 복도에 들어서 보니 마음가짐이 사뭇 다르다. 사실 기쁘다기보다는 이 집을 어떻게 해야 할까, 걱정이 더 큰 것 같다. 이미 영혼까지 끌어모아 산 첫 번째 집이 있으니, 이 집에 직접 들어와서 살지는 않을 것 같고, 일본엔 전세 개념이 없으니 결국엔 월세를 주지 않을까 싶다. 아무래도 입지가 최대 장점이니, 그 장점을 극대화할 수 있도록 내부 또한 탈바꿈이 필요하다. 일단 부엌 싱크대와 못생긴 보일러 일대를 전부 뜯어고치고, 고대 병기처럼 느껴지는 욕조를 어떻게든 해야 할 것 같다. 나조차도 살기 힘든 집을 남에게 월세로 주고 싶은 마음은 전혀 없으니, 대대적인 인테리어 공사를 진행하기로 한다.

1963년 지어진
도쿄 아파트 리모델링기

낡은 투자용 아파트를 한국 돈으로 1억 4천만 원에 구매하는 영상을 '정세월드' 채널에 올리자, 가치가 매년 떨어지는 일본 집을 왜 사냐고 질문하는 사람들이 정말 많았다.

도쿄 부동산은 아베노믹스ｱﾍﾞﾉﾐｸｽ라 불리는 무제한 양적완화가 시작된 이후, 12년 연속 오르고 있다. 아베노믹스는 일본의 제2차 아베 신조 내각 시절 2012년부터 2020년까지 시행되었던 경제 정책을 일컫는 신조어로, 30년째 정체된 최저시급과 물가를 올리는 데 집중한 정책이다. 시간이 꽤 지난 지금, 금리를 빠르게 올리긴 어려울 것 같으니 엄청난 리스크는 아닌 것 같다고 판단했다. 그리고 사실 1억 원대 아파트가 떨어져 봤자 얼마나 떨어지겠나 싶은 마음도 컸다.

낡은 아파트의 변신은 무죄

60년 된 집을 산 사람으로서 한 결심은, 누구든지 한번 살아보고 싶을 정도로 집을 고쳐보자는 것이다. 오늘은 구매한 집의 인테리어를 위해 업체를 만나는 날이다. 인테리어는 처음이라 두 업체와 만나보기로 했다. 업체 선정 기준은 딱 두 가지였다. 첫 번째는 접근성이었다. 언제든 걸어서 방문하여 이야기를 나눌 수 있기를 바랐기 때문이다. 그리고 나머지 하나, 더 중요한 것은 바로 회사 내 자체 시공 목수팀의 여부였다. 여기저기 알아보니 대체로 설계만 자체적으로 하고 공사는 외주로 맡기는 곳이 많았다. 이럴 경우 당연히 비용은 올라가고, 공사 품질에도 영향을 미치게 된다. 이 두 가지 요건을 충족하는 업체와의 미팅을 시작했고, 기존 생각했던 문제점과 마음에 들지 않는 부분을 전부 전달했다. 미팅 후 짐을 챙겨서 꼼꼼하게 집 구석구석을 측정하시는 모습을 보니 왠지 모르게 믿음직스러웠다. 그 뒤 다른 업체와 비슷한 미팅을 한 차례 더 진행한 뒤 현장 답사도 끝이 났다. 앞으로 보름 안에 대략적인 제안서와 견적을 보내준다고 하니, 열심히 일하면서 인테리어 비용을 벌고 있으면 될 것 같다.

몇 주 뒤 주말, 그간 두 업체와 제안서와 견적서를 주고받았다. 두 업체 모두 전후 도면과 함께 제안이 오는 형식이었는데, 가격은 둘 다 비슷해서 조금 더 빠르게 대응한 동네 업체를 선정했다.

업체와 의견을 교환하고 도면에 반영하고 다시 검토하는 과정이 몇 주에 걸쳐 이뤄졌다. 이를 위해 수많은 도면이 오가고 그만큼 많은 사진들을 주고받았는데, 그 과정에서 바닥을 뜯어 교체하는 관까지 신경을 써야 한다는 사실이 놀라웠다. 견적서도 공정별, 자재별로 굉장히 자세하게 나뉘어 있었다.

그렇게 내가 생각했던 여러 요구사항을 반영한 최종안이 도출됐다. 고대 문명 같은 세면대와 변기는 최신식으로 교체하고, 세탁기 위치는 베란다에서 화장실로 이동하고, 집 중간을 막고 있던 옷장은 옮기기로 했다. 어쩌다 보니 집 안을 거의 다 뒤집어 엎는 공사가 되어버려 견적이 385만 엔이나 나와버렸다. 그

래도 집값, 수수료, 세금, 인테리어 등 모든 걸 합해서 한국 돈으로 천만 원대에 해결했으니, 잘 한 것이라 스스로를 다독여 본다. 통장 잔고는 0에 수렴하게 되었지만, 작은 산을 하나 넘었다는 생각에 후련해진다.

1963년 아파트의 새단장

한 달이 지난 8월의 어느 날, 집 밖으로 한 발짝도 나가고 싶지 않은 땡볕의 주말이다. 인테리어 계약 후 업체와는 아무런 연락도 주고받고 있지 않지만, 전달받았던 공정표상으로는 한창 공사 중이어야 하는 시점이다. 그래서 공사가 없는 주말을 이용해 중간 점검을 하기 위해 집을 나섰다.

공사 중인 집으로 입장하니, 꿈에서도 현실에서도 상상 못 했던 풍경이 눈 앞에 펼쳐졌다. 집 안은 온통 산산조각이 나 마치 미사일을 맞은 모양새다. 지금 이게 맞는 걸까? 갑자기 마음이 복잡하고 심란해진다. 벽에 박혀 있던 콘센트는 어떻게 되는 건지, 휑하니 뜯어낸 천장은 어쩌자는 건지 상상조차 되지 않는다. 화장실 벽이 사라진 이유는 알 것 같다. 화장실이 너무 좁아 조금이라도 넓히기 위해 벽을 다시 만들기로 했기 때문이다. 그 옆의 부엌에는 싱크대도 새로 만들어 넣기로 했다. 숙원 사업이었던 못난 급탕기를 철거하고, 베란다에 보일러를 설치할 예정이라

머지않아 바닥도 전부 뜯어낼 것이다. 작은 집을 더 좁게 만들던 옷장도 전부 뜯어버렸으니, 그에 맞는 보수를 해야 한다. 이왕 뜯는 김에 신발장까지 전부 부수고 새로 만들기로 했다. 그 외에도 해야 하는 주요 공사 중 하나는 벽 두께를 2cm 늘리는 일이다. 전자제품이 거의 없던 시절에 지어진 집이라 전선이 전부 벽 밖으로 나와 있는데, 벽을 두껍게 만들어 거슬리는 전선을 죄다 넣어버릴 계획이다.

　인테리어를 하다 보니 직접 거주할 것도 아닌데 이렇게까지 해야 하나 싶은 생각도 든다. 하지만 투자 수익률을 떠나서 이 집에 살 사람이 행복하게 사는 게 분명 더 가치 있는 일일 것이다.

　예전에는 집을 짓거나 수리할 때 집의 역사를 기록한 상량문을 만들어 천장이나 건물 틈새에 넣어두었다고 한다. 나는 그 전통을 이어, 종이나 펜 대신 스티커를 사용해 비슷한 의미를 담아보기로 했다. 이곳에 새로 오시는 분들께 행운이 가득하길 진심으로 바라며, 이제 다시는 볼 수 없을 이 풍경을 눈과 마음에 깊이 새겨본다.

그로부터 2주일 뒤, 그간 집이 얼마나 바뀌어 있을지 궁금해 발걸음을 옮겨 본다. 대형 가전도 들어와 있고 바뀐 부분이 상당히 많은 느낌인데, 눈에 띄는 것은 역시 벽을 세우기 위한 기둥이다. 그리고 아파트 전체 수도관을 교체할 수는 없지만, 최소한 우리 집 안에 있는 수도관은 전부 교체하기 위해 바닥을 파헤쳐뒀다. 수돗물이 베란다 보일러를 거쳐 집 안으로 들어오도록 공사가 진행될 예정이어서, 앞으로 따뜻한 물 걱정 없이 지낼 수 있을 것이다.

집안 분위기를 좌우하는 건 역시 조명인데, 새로 마련된 조명 위치를 보니 환하고 아늑한 분위기를 연출하는 데 부족함이 없어 보인다. 이어 새로 만들어질 화장실 문을 열고 안으로 들어가 본다. 한국에서는 욕실과 세면대가 같이 있는 습식 화장실이 흔하지만, 일본은 호텔식을 채택해 욕실은 습식, 세면대는 건식으로 분리하는 경우가 많다. 이 화장실에도 중간에 문을 달아 세면대 공간은 건식으로 사용할 수 있게 할 생각이다. 이제 물에 젖은 슬리퍼는 안녕이다.

1963년 지어진 도쿄 아파트 리모델링기

이 정도 규모면 인테리어 수준을 넘어 집을 거의 새로 짓는 것과 다름없어 보인다. 과연 이 집은 어떻게 변모할까? 완공 이후 다시 와 보도록 하고, 공사 전 중간 점검 방문은 여기서 마치도록 한다. 4월에 시작된 1963년 아파트 재생 프로젝트가 끝나는 10월, 그 결과는 어떤 모습일지 기대가 된다.

전 재산을 투자한 도쿄 아파트,
잘 산 걸까?

오늘은 최근 10년 중 가장 설레는 아침이다. 평생 모은 돈으로 산 두 번째 집의 인테리어가 완성되는 날이기 때문이다. 2024년 거리에서 1963년산 아파트로 들어가는 길. 하도 많이 들락날락했더니 오래 살던 집처럼 친근하게 느껴진다.

1인 가구 안성맞춤, 아늑한 공간의 탄생

들어서자마자 가장 먼저 보이는 건 현관이다. 안전을 제일로 생각하여 교체한 최신형 차단기와, 최소 신발 열 켤레는 보관할 수 있는 신발장이 보인다. 대충 짜 넣은 신발장과 감전이 될 것 같이 위협적으로 생겼던 차단기는 옛날이야기다. 또 센서 등은

10초 단위로 조절할 수 있어 저녁 늦게 집에 들어와도 귀갓길을 환히 밝혀준다.

이어 나름 신경을 쓴 공간이 있었으니, 바로 선반이다. 전부 분리 가능해 필요치 않은 곳은 빼서 원하는 높이로 자유롭게 조정할 수 있다. 신발장도 동일한 방식을 채택했기에 긴 부츠가 있는 사람도 칸을 조절하여 자유자재로 사용할 수 있다. 나처럼 짐이 많이 없는 사람은 간단한 장식품만 몇 개 올려놔도 재미있는 인테리어가 가능할 것 같다. 그 외 코트, 목도리, 모자 등을 걸 수 있는 공간과 외출 전 용모를 확인할 수 있는 전신 거울도 마련해

됐다. 이 정도면 현관의 변신은 만족스럽다.

　대망의 다음 공간은 화장실이다. 수리 전, 화장실에 처음 들어가던 순간을 아직도 잊을 수 없다. 도저히 친해지기 어려워 보이는 변기 뒤로, 스테인리스 욕조가 자리 잡고 있었다. 욕조에는 가스관을 연결해 물을 데우는 급탕기가 설치되어 있었다. 하지만 세면대에는 찬물만 나왔다.

　우선 기존 화장실 벽을 허물고 15cm 정도 뒤로 밀어 다시 쌓는, 대대적인 공사를 했다. 그리고 바닥을 전부 뜯어내 수도관을 새로 깔고, 베란다에 가스보일러를 설치해 언제나 따뜻한 물이 나올 수 있도록 만들었다. 변기도 새것으로 교체 후 비데까지 설치했고, 위에는 휴지를 넉넉히 보관할 수 있도록 선반을 달았다. 집 전체의 콘셉트에 맞춰 액자형 거울에 멋쟁이 전구도 설치했고, 호텔에서 보던 수건걸이도 달았다.

　이와 함께 원래 베란다에 있던 세탁기를 화장실 내부로 옮겨왔다. 바닥에는 새로운 배수 시설을, 벽에는 세탁기 전용 수도관과 접지 콘센트를 설치하는 큰 작업이 필요했다. 세탁기 위에는 세제를 보관할 수 있는 선반을 설치하여 실용성을 더했다. 화장실 불 끄는 걸 자주 잊는 사람들을 위해, 문에는 작은 투명 창을 냈다. 이렇게 일본식 습식 욕실과 건식 세면대가 조화롭게 어우러진 화장실이 완성되었다.

　다음으로 자랑할 만한 것은 입주할 거주민 안전을 위한 모니터형

인터폰과 거실이다. 거실은 전체적으로 더 밝은 분위기를 내고 싶어 바닥을 새로 깔고, 천장과 벽 도배도 새로 한 뒤 커튼레일을 교체했다. 그리고 집 한가운데를 막고 있어 답답했던 옷장을 없애고, 현관 옆에 새 옷장을 설치했다. 캐리어나 짐을 올려둘 곳도 만들어 뒀으니, 거주하시게 될 분이 잘 활용하셨으면 좋겠다는 바람이 든다.

 기존 주방은 빨간 싱크대가 딸랑 있었고, 급탕기를 돌려야 따뜻한 물을 쓸 수 있는 열악한 환경이었다. 그래서 가스레인지도 깔끔하게 내장형으로 설치하고, 싱크대도 보일러와 연결해 따뜻

한 물이 잘 나올 수 있도록 만들었다. 빵 뚫려 벌레가 들어올 것만 같은 팬을 뜯어낸 후, 최신 후드로 교체까지 했다.

한국에서도 한 적 없는 인생 첫 구축 집 인테리어. 모든 걸 포함한 비용인 385만 엔이 싼지 비싼지 아직 감이 오지 않지만, 개인적으로는 만족스러운 결과다. 그간 60년을 버텨주었으니, 앞으로 딱 100년을 채워줄 수 있기를 바라는 마음이다.

1963년 아파트 구매기 Q&A

일기장 같은 유튜브 채널에 올린 '1963년 아파트 구입기' 영상이 200만 조회수를 넘겼다. 부동산에 관한 관심이 뜨거운 것을 느끼며, 가장 많이 받았던 질문에 답을 해보도록 하겠다.

Q. 이런 집의 월세는 어떻게 되나요?
A. 집과 위치에 따라 시세가 들쑥날쑥한 일본이라 정확히 단언할 수는 없지만, 같은 아파트의 동일한 면적의 집이 월세 12만 9,000엔 매물로 올라왔던 걸 보면 대략 13만 엔 정도라고 볼 수 있겠다. 관리비의 경우 세입자가 있든 없든 수선적립금과 함께 내야 하는데, 우리 집은 합쳐서 월 1,600엔으로 적게 내는 편이다. 아마 외부 관리 회사가 아닌 자체 조합이 관리해서 저렴한 것 같다.

전 재산을 투자한 도쿄 아파트, 잘 산 걸까?

Q. 주택 보유에 따른 세금은 얼마나 내나요?

A. 세금의 종류는 크게 구매 시 내는 취득세와 매년 내는 재산세가 있다. 나의 경우 취득세로 15만 1,300엔을 한 번에 낸 뒤, 앞으로 재산세를 매년 7만 630엔 정도 내야 한다.

Q. 수익률이 어떻게 되나요?

A. 수익률이란 건 간단히 쓴 돈과 연간 수입을 계산하고 이 둘로 나누어주면 끝인데, 이 집의 경우 쓴 돈은 구매 가격에 수수료, 세금, 인테리어를 합친 1,913만 엔, 연간 수입은 보수적으로 월세 12만 엔으로 계산했을 경우 비용을 제외하면 119만 엔이 나온다. 이때 기대 수익률은 바로 6.22%가 되는데, 높은지 낮은지는 각자의 기준에 따라 다르게 판단할 수 있을 것이다. 개인적으로는 나쁘지 않은 숫자라고 생각한다.

Q. 왜 현관문을 열쇠로 열어야 하나요?

A. 전자식 도어락이 너무나 당연한 한국과 다르게 일본은 아직 아파트의 99%가 열쇠를 사용한다. 이런 오래된 아파트뿐만 아니라 지어진 지 4년밖에 안 된, 내가 지금 거주 중인 집조차도 현관문에 열쇠를 찍어야만 열리고, 엘리베이터도 열쇠를 찍어야만 탈 수 있다. 아파트 규정에 따라 교체도 불

가능하다. 하지만 이번 리모델링한 집의 경우 집마다 손잡이가 다른 것으로 보아, 지어진 지 오래돼서 규정을 풀어준 것 같다. 전자식으로 교체해도 문제는 없을 것 같았지만, 일본에서는 오히려 전자식 도어락을 불안하게 여기는 사람이 많다. 내가 직접 거주할 것이 아니라면 그냥 열쇠로 두는 게 더 나은 선택이라고 판단했다.

Q. 아파트인데 왜 방이 없나요?
A. 아파트라고 하면 당연히 거실에 방도 있을 것 같지만, 일본의 집은 한국 대비 상당히 좁다. 특히 도쿄 도심부의 경우 혼자 사는 평균 집 넓이가 $25m^2$이다. 한국처럼 여기 방이 하나 더 있었다면 집값이 아마 1,000만 엔은 추가됐을 것이다.

Q. 샷시는 왜 안 했나요?
A. 이 주제로만 댓글이 50개 넘게 달려 정말 깜짝 놀랐다. 사실 살아생전 샷시 생각은 한 번도 해본 적이 없어서 교체는 처음부터 후보에도 없었다. 하지만 알았어도 못 했을 것이다. 일본 아파트의 샷시는 집주인이 아닌 공용부라 마음대로 교체할 수 없다. 그래서 전 집주인도 샷시 안에 내창을 설치한 듯하다. 집의 메인 창문과 이중으로 되어 있어 살짝 못난 구조지만, 겨울바람 쌩쌩 들어오는 것보다는 100배

나은 선택일 것이다.

Q. 난방은 어떻게 하나요?

A. 한국의 난방은 무조건 바닥이 뜨끈한 것이 일반적이지만, 일본은 바닥보다는 공기를 데우는 방식으로 난방 형태가 진화해 왔다. 우리에겐 당연한 바닥 난방은 일본에서는 신축 건물에만 있거나 설치비가 매우 비싸다. 대부분의 일본인은 에어컨으로 난방하는 것이 일반적이다. 에어컨 리모컨에 냉방과 난방 버튼이 같은 크기로 있을 정도로 일본에서 에어컨은 1년에 두 계절을 사용하는 필수 아이템이다. 더욱이 도쿄 자체가 겨울에 그렇게 추운 곳이 아니기에, 방에 작은 코타츠 하나만 놓아도 나쁘지 않은 겨울이 될 것이다.

Q. 방충망은 어디 있나요?

A. 생각지도 못하게 방충망에 대한 문의가 많았다. 알고 보면 베란다에도, 방 가운데 난 커다란 창문에도, 부엌에도 올 하나 안 나간, 튼튼한 방충망이 설치되어 있다. 문을 활짝 열고 환기를 하기 좋은 형태다.

Q. 조리대는 왜 없나요?

A. 거의 1,300개 넘게 달린 최다 댓글은 부엌에서 조리가 불가

능할 것이라는 의견이었다. 조리대가 최소 반 칸은 더 길었어야 한다는 것이 중론으로 모였다. 평소 음식은 대충 사 와서 요리 아닌 조리만 하는 1인으로서는 놓친 부분일지도 모르겠다. 다만 시중에 아일랜드 키친 제품이 많이 판매되고 있으니, 입주하신 분이 필요하다면 직접 마련하여 사용하는 것으로 하자.

Q. 보일러가 밖에 있으면 동파되지 않을까요?

A. 화장실에 뜨거운 물이 나올 수 있도록 연결하기 위해 실외 베란다에 가스보일러를 설치하게 되었다. 다만 겨울철 동파에 대한 걱정 어린 댓글이 많았는데, 한국에선 베란다의 존재가 거의 사라져서 그런가 싶다. 일본에서는 실외 보일러가 아닌 집을 찾기가 더 힘들 정도로 너무나 흔한 형태다. 당장 지어진 지 4년밖에 안 된 우리 집도 보일러가 베란다에 있는 걸 보면 옛날 집, 최근에 지어진 집 상관없이 보편적인 일본의 주거 형태가 아닐까 싶다. 기본적으로 보일러 안에 동결 방지 히트 시스템까지 내장되어 있다고 하니 걱정하지 않아도 될 것 같다.

Q. 에어비앤비를 하실 생각은 없나요?

A. 에어비앤비의 경우 합법적으로 운영하려면 구청에 민박업

등록을 해야 하지만, 이곳을 포함한 대부분의 아파트는 민박 금지를 의무 사항에 넣고 있다.

마지막으로 부동산 사이트에서 집을 발견한 뒤 이어진 6개월간의 긴 여정을 처음부터 끝까지 함께해 준 구독자 여러분에게 감사의 인사를 전한다.

2장

한국과는 다른 일본의 이모저모

한국과 일본의 식사 문화 차이점

혼밥의 민족, 일본

한국 회사에서 12시만 되면 어김없이 누군가 말한다. "밥 먹으러 갑시다~" 그럼 다 같이 자리에서 일어나 엘리베이터를 타고 줄줄이 밥을 먹으러 간다. 꼭 어딜 가든 같이 가는 게 당연하고, 혼자 먹는 사람은 눈에 띄기 마련이다. 하지만 일본 회사에 처음 출근했을 때, 점심시간 풍경은 사뭇 달랐다. 12시가 되면 누가 말하지 않아도 사람들이 하나둘 조용히 사라진다. 누군가는 가방에서 도시락을 꺼내 조용히 책상에서 먹고, 또 누군가는 아무 말 없이 건물 밖으로 사라진다. 처음엔 "왜 다들 말도 없이 사라지지?" 싶었는데, 곧 익숙해졌다. 점심시간조차 각자의 페이스를 존중하는 문화였다.

　일본은 진정한 혼밥의 나라다. 최근 한국에서도 혼밥이 자연스러워지고 있지만, 일본은 아주 오래전부터 혼밥에 최적화된 나라였다. 예를 들어 맥도날드 같은 패스트푸드점에도 1인석이 기본으로 배치되어 있고, 고급 레스토랑조차 혼자 가도 눈치 보지 않는다. 료칸도 1인 전용 요금제가 따로 있을 정도다. 혼자 먹고, 자고, 여행하기 좋은 나라다. 심지어 저녁 회식도 각자 계산하는 경우가 많다. 회식 자리에서 계산서를 들고 누가 얼마를 낼지 토론하는 광경은 드물고, 대부분 자기가 먹은 만큼 알아서 낸다. 다만 직급에 따른 미묘한 암묵적 규칙이 있긴 하다. 예를 들어 부장이 1만 엔을 내면, 과장은 8,000엔, 대리는 5,000엔, 그리고 신입 사원은 거의 안 내는 식이다. 상하관계의 경직됨은 유지하면서도 개인의 책임은 지는, 일본스러운 방식이다.

각자의 밥상, 각자의 완성

　한국의 밥상은 언제나 풍성하다. 김치와 나물, 국물과 찌개, 그리고 계란말이나 제육볶음 같은 메인 요리까지. 그에 비해 일본 식당의 밥상은 처음엔 뭔가 허전하게 느껴졌다. 정식定食이라 부르기는 하는데, 딱 한 사람이 먹을 만큼의 반찬과 밥, 그리고 된장국이 나올 뿐이다. 밥상이 아니라, '정제된 식사 세트'라는

느낌이랄까. 가장 놀랐던 건 김밥천국 같은 저렴한 식당에서도 김치나 단무지 같은 기본 반찬이 무료로 나오는 한국과 달리, 일본에서는 모든 반찬이 별도 요금이라는 점이었다. 계란말이 하나 시켰을 뿐인데, 계산서가 두툼해진다. 이럴 땐 정말 한국 식당이 그립다.

또 하나의 차이는 '같이 먹는 방식'이다. 일본에서는 여러 명이 음식을 함께 먹을 때, 본인이 쓰던 젓가락으로 음식에 손을 대면 민망해질 수 있다. 덜어 먹는 전용 젓가락이나 개인 접시를 사용하는 것이 기본 예절이다. 말하지 않아도 다들 자연스럽게 지키고 있어서, 처음에는 약간의 문화 충격이었다.

고급 코스 요리인 가이세키懷石 같은 경우, 순서에 따라 하나씩 나오는 요리를 천천히 즐기는 방식이다. 여럿이 시끄럽게 먹는 게 아니라, 마치 전시회를 감상하듯 조용히 음식을 마주한다. 그리고 기차역에서 파는 도시락, 에키벤駅弁도 그 자체로 하나의 완성된 식사 문화다. 지역별 특산물과 기차 여행의 감성을 담아낸 작은 도시락 하나에도 일본 특유의 디테일이 살아 있다.

술자리는 있어도 안주는 없다

한국의 회식은 안주가 주인공이다. 삼겹살에 소주, 닭볶음탕에 맥주가 따라오는 것처럼 뭔가를 먹으면서 마시는 게 당연하다. 하지만 일본에서는 '마시는 자리'가 중심이다. 작은 이자카야居酒屋나 야키토리焼き鳥 집에 가보면 안주가 심플하다 못해 허전할 정도다. 기본적으로 일본의 술집에서는 자리에 앉으면 '오토시お通し'라는 기본 안주가 자동으로 나온다. 메뉴판에 없고 주문도 안 했지만, 일종의 테이블 차지처럼 요금이 붙는다. 한국식으로 생각하면 '기본 반찬' 같지만, 일본에선 그것도 요금이 청구된다. 한국처럼 안주를 든든히 시키고 먹다 보면 사장님이 놀란 얼굴로 쳐다볼지도 모른다. 이자카야에서는 술이 중심이고, 안주는 그냥 곁들임일 뿐이라는 인식 때문이다. 그래서 처음엔 '이게 끝이야?' 싶어 라면이라도 먹고 가고 싶은 마음이 굴뚝 같았지만, 익숙해지면 또 그 나름의 여운이 있다.

　게다가 안주가 빈약한 문화 덕분인지, 일본에서는 서서 빠르게 마시고 떠나는 스탠딩 바立ち飲み屋도 흔하다. 안주 없이 맥주 한 잔, 사케 한 잔만 딱 마시고 자리를 뜨는 사람들. 이 효율적인 마시기 문화는 회사 퇴근 후 집에 가기 전, 잠시 혼자만의 시간을 보내기에 제격이다. 그리고 골목 곳곳엔 작고 조용한 바가 있다. 몇 명만 앉을 수 있는 작은 공간, 메뉴라고 해봐야 땅콩이나 올리브 몇 조각 정도가 전부다. 하지만 바로 그 공간에서 뜻밖의 인연을 만나기도 한다. 말수는 적지만, 마주 앉은 누군가와 자연스럽게 이야기를 나누게 되는 밤. 그런 작고 낯선 바는 어느샌가 동네 일부가 되고, 일본 생활의 소소한 묘미가 된다.

집밥에도 철학이 있다

　일본 집밥을 떠올리면, 정갈한 밥상과 조용한 식탁을 먼저 생각하게 된다. 하지만 그 안에도 흥미로운 차이들이 있다. 가장 큰 차이는 쌀에 대한 집착이다. 일본은 지역별로 쌀 품종이 다르고, 맛의 개성도 분명하다. 니가타현新潟県의 '고시히카리', 아오모리현青森県의 '츠야히메', 미야기현宮城県의 '히토메보레'처럼 지역마다 애착이 있는 브랜드 쌀이 있다. 나도 한번 주먹밥을 제대로 만들어보겠다고 아코메야 AKOMEYA TOKYO라는 고급 쌀 전문점을 찾았는데, 너무 많은 종류에 압도당해 결국 직원에게 추천받아 겨우 하나를 골랐던 기억이 있다.

　또 하나 인상 깊은 점은, 일본에서는 반찬을 '쟁여두지 않는다'라는 것이다. 한국은 김치, 멸치볶음, 장조림 등 미리 해두고 먹는 반찬 문화가 있지만, 일본은 그날그날 간단히 만들어 먹거나, 아주 간단히 먹는 경우가 많다. 날달걀 하나 깨서 간장 몇 방울 떨어뜨려 밥에 비벼 먹는 타마고카케고항 卵かけご飯도 흔한 식사다. 아니면 조미된 가루인 후리카케 ふりかけ를 뿌려 먹기도 한다. 왜일까 생각해 보면, 일본은 재료 본연의 맛을 중요시하는 문화이기 때문일지도 모른다. 여러 가지 반찬보다는 하나를 정성스럽게 만드는 쪽에 더 익숙한 것이다. 카레 역시 마찬가지다. 한국에선 감자, 고기, 당근이 잔뜩 들어간 카레를 며칠씩 데워

먹지만, 일본 카레는 훨씬 단출하고, 1~2인분 분량으로 소박하게 만든다. 그러다 보니 집에서조차 푸짐한 조리는 드물고, 매일매일 오늘 먹을 만큼만을 준비한다. 손이 덜 가는 대신, 재료 하나하나의 맛이 그대로 느껴진다. 처음엔 어색했지만, 지금은 그런 단순함이 오히려 편해 보인다. 불필요한 걸 덜어내고 본질에 집중하는 일본 식문화는 집밥에도 그대로 배어 있다.

조용하고 성실한
일본의 직장인

 오늘 도쿄의 날씨는 유난히 맑음. 집 밖이 어수선해 내려다보니, 누군가 이사를 오고 있다. 안 그래도 친한 후배의 이사를 도와주러 가려던 참인데, 신기하다.
 한국의 이사 서비스는 몹시 발전한 반면, 일본은 아직 일정을 이메일로 주고받는 등 번거로운 절차가 있는 편이다. 오늘 날씨가 너무 좋아 이사를 도와주러 가기보다는 공원을 걷고 싶지만, 애써 발걸음을 옮겨 본다. 이사를 도와주기로 한 후배는 한국에서 대학교를 졸업하고 2년 전 도쿄로 건너온 친구다. 이번에 요코하마橫浜에 있는 회사로 이직해서 그쪽으로 이사를 간다고 한다. 후배가 사는 곳은 키치조지라는 곳인데, 나도 일본에 처음 와서 4년간 살았던 애정하는 동네다. 높은 건물이 없어 햇볕이 잘 드는 곳이기도 하다. 후배 집에 도착해 보니 사회생활 3년 차에 좋은 건물에 사는구나, 싶다. 건물이 전부 노출 콘크리트라 조금 삭막한 느낌도 든다. 일본에서 아파트를 지을 때 한동안 유행하던 스타일인데, 개인적으로는 안락한 느낌을 선호하기에 좋아하는 스타일은 아니다. 복도는 공용 공간이기에 개인 물품을 비치하면 안 되므로, 집마다 호실 표지판에 우산을 걸어 놓은 귀여운 광경이 펼쳐졌다. 후배 집은 6평 정도, 월세로 약 9만 엔을 내고 있다는데 남자 혼자 살기에는 충분한 것 같다. 그리고 개방감이 좋아 하늘이 잘 보인다는 것이 마음에 든다.

일본의 이직 문화

후배가 씻는 동안 집 구경도 잘했겠다, 슬슬 본격적으로 이삿짐을 싸보도록 한다. 일본은 포장 이사가 한국보다 훨씬 비싸서 보통 본인이 짐을 거의 다 싸는 게 기본이다. 짐을 싸던 도중, 후배의 연봉 계약서를 발견했다. 합격하고 가지 않기로 한 일본의 스타트업이라는데, 연봉 600만 엔에 추가 성과급이 100만 엔으로 나와 있다. 일본 이사비가 비싸서 견적이 얼마나 나왔는지 궁금해 물어봤더니, 이직 때문에 하는 이사라 새 회사에서 전액 부담한다고 한다. 또 월세 보조금도 매달 3만 엔 정도 받는다고 하니, 중소기업도 좋지만 역시 후배가 이직한 대기업이 최고긴 한 것 같다.

일본 회사는 전체적으로 폐쇄적인 분위기라고 알려져 있지만, 막상 들여다보면 의외의 지점들이 있다. 특히 아르바이트나 서비스업뿐만 아니라 IT나 스타트업, 제약이나 반도체 같은 첨단 산업 분야에도 외국인 근로자가 꽤 많은 편이다. 그 배경에는 일본 정부의 '고도 인재' 비자 제도와 같은 외국인 유치 정책이 있고, 아시아 전체를 총괄하는 본사 급 기능을 가진 다국적 기업들이 일본에 많이 자리 잡고 있다는 점도 있다. 일본지사가 아닌 '아시아 헤드쿼터' 역할을 하는 사무소에서는 일본어가 필요 없는, 영어만으로 일하는 글로벌 팀도 많다.

한편, 이직 문화도 한국과는 사뭇 다르다. 일본에서는 인재를 모셔 오는 문화가 강하다. 인력난이 심각하므로 회사를 옮기기 위해 지원서를 돌리는 것이 아니라, 헤드헌터가 직접 찾아오는 구조가 일반적이다. 특히 특정 업종의 경력직이라면 이직 제안을 받는 것이 어렵지 않다. 이러한 구인난은 저출산과 고령화로 인한 전반적인 인력 부족과 무관하지 않다. 사회 전체가 점점 사람을 구하는 것에 어려움을 겪는 분위기다. 덕분에 이직을 통한 커리어 업그레이드도 비교적 부드럽게 이루어진다.

물론 모든 기업이 후배가 합격한 회사들처럼 높은 연봉과 복지를 제공하는 것은 아니다. 일본의 평균 연봉은 여전히 한국과 비슷하거나 낮은 경우도 많다. 특히 급등하는 물가에 비해 임금 인상이 더딘 중소기업들도 많은 편이다. 대기업과 중소기업의 격차는 해마다 커지고 있고, 수도권과 지방의 소득 차이도 심화하는 추세다. 일본은 지역별로 최저임금이 다르고, 동일 업종의 표준임금도 지역에 따라 차이가 나기 때문에 많은 청년들이 도쿄 등 대도시로 몰리는 문제도 있다. 이러한 구조적 문제는 장기적으로 일본 사회 전체의 과제이기도 하다.

결국 일본에서의 직장 생활도 수많은 '케이스 바이 케이스'다. 같은 일본이라고 해도 업계, 회사 규모, 근무 지역에 따라 전혀 다른 경험을 하게 된다. 외국인으로서 살아남기 위해서는 일본어 실력도 필요하고, 끊임없이 자신의 가치를 증명할 수 있는 태도 또한 요구된다. 하지만 생각해 보면, 그건 일본뿐 아니라 전 세계 어디에서든 마찬가지다. 결국은 스스로 노력해서 자신의 시장 가치를 끌어올리는 것이 가장 보편적이고 확실한 생존 전략이다.

후배와의 저녁 시간, 찰나의 Q&A

두세 시간에 걸친 이삿짐 싸기는 얼추 끝이 났다. 해가 벌써 지고 있고, 집 안은 어수선해 저녁은 밖에서 먹기로 했다. 목적지는 후배 집 근처에 있는 이노카시라 공원이다. 3~5월 나의 가방에는 소풍용 돗자리가 항상 자리하고 있다. 언제 어디서든 뒹굴겠다는 한량의 봄 시즌 필수 아이템이다. 돗자리를 깔고 미리 시켜둔 치킨을 꺼내 먹다 보니 날이 너무 어두워져 황급히 자리를 떴다. 이대로 집에 가긴 아쉬워 맥주라도 한 잔 더 하기 위해 동네를 걸었다. 키치조지 하면 역시 하모니카 요코쵸ハモニカ横丁다. 하모니카처럼 가게들이 붙어 있어 지어진 이름인데, 저녁이면 10여 개의 선술집이 문을 여는 재미있는 곳이다. 좁은 공간에 오밀조밀 붙어 앉아 맥주를 마시다 보면 자연스레 옆자리 손님들과 친해지는 경우도 많다. 늦은 시간 키치조지를 방문한다면 들러보기 좋다. 하지만 가려고 점 찍어두었던 가게에 자리가 없어서 나의 최애 꼬칫집 이세야いせや 본점으로 이동했다. 1928년

부터 이 자리에서 영업 중인, 100년을 앞둔 가게이다. 꼬치와 함께 맥주를 마시며, 일본 3년 차 직장인 후배와 인터뷰하는 시간을 가져보도록 한다.

Q. 일본 시가총액 20위 내 대기업에 신입으로 입사한 바 있다. 신입 연봉은 어떻게 되나?

A. 첫해 연봉은 작을 수 밖에 없다. 왜냐하면 4월부터 12월까지의 월급을 주기 때문이다. 2년 차에 온전히 받은 연봉은 한국 돈으로 6,000만 원 정도였다. 야근과 특근 수당을 모두 다 합친 금액이다. 수당을 빼면 5,000만 원 정도 된다.

Q. 연봉 인상률은 높나?

A. 생각보다 빨리 오르는 것 같다. 5년 차 선배 연 수입을 들었을 때 보너스를 합쳐 900만 엔 정도였다. 6년 차 되고 나서 빠르게 주임이 되면 한국 돈으로 1억 원 정도를 웃도는 것으로 알고 있다.

Q. 그 좋은 회사를 왜 퇴사했나?

A. 일본 회사는 한국인이 적응하기 많이 어려운 환경이라고 생각한다. 융통성도 없고, 절차나 지켜야 하는 규칙이 세세하게 많다. 한국 사람 특성상 비효율적이라고 생각하면 굳

이 '이걸 왜 하지?' 하는 의문이 들 때가 많을 텐데 그런 회사 분위기가 나와 맞지 않는다고 생각했다. 새로운 회사에 기대하는 점도 있으니 퇴사한 것도 있다.

Q. 여자 친구가 일본인인데, 좋은 점은 무엇인가?
A. 서로의 사생활을 존중해주려고 한다. 둘이 대화하고 있다가 휴대폰을 만지면, 보고 있는 화면을 따라 보지 않는다. 일부러 눈을 피한다. 그리고 리액션이 정말 좋다. 그냥 평범한 선물을 해줬을 때도 우는 경우가 있다. 200일 됐을 때 케이크를 선물했는데 기쁘다고 운 적이 있다. 그런 부분이 충격이었다.

Q. 반대로 아쉬운 점이 있다면?
A. 자신의 속마음을 확실하게 말하지 않는다. 애매하게 표출한다. 예를 들면 기분 나쁜 일이 있다면 자신의 인스타그램 스토리에 올리고, 나에 대해서 말하는 건지 다른 일에 대해 말하는 건지 모르게 티를 낸다. 마음에 들지 않는 점이 있다면 나에게 솔직하게 말해줬으면 좋겠는데 그러지 않는다. 그래서 이럴 때마다 '직접 물어봐야 하나?' 고민하게 된다. 그런 부분이 조금 답답하게 느껴진다.

Q. 일본 취업을 꿈꾸는 후배들에게 한마디 해준다면?

A. '인생에서 좋은 경험을 하고 싶다', '새로운 경험을 하고 싶고, 해외살이를 경험하고 싶다'라고 생각하는 분들에게는 일본 취업을 추천한다. 그런데 '돈을 벌고 싶다'라는 목적으로 오는 것은 별로 추천하지 않는다. 일본에서의 취업은 경험으로서는 좋다.

일본인의 '예절'이란 무엇일까?

티 나지 않는 일상 속의 예절

일본에서 오랜 시간 살다 보면, '예절'이라는 단어는 일상처럼 따라붙는다. 하지만 그 예절은 우리가 흔히 떠올리는 형식적인 인사나 공손한 태도와는 조금 다르다. 일본에서의 예절은 '배려'라는 개념과 매우 가까운 곳에 있다. 그리고 그 배려는 무엇보다 조용하고, 눈에 띄지 않게, 그러나 분명하게 표현된다.

처음 일본에 와서 식당에 들어갔을 때의 일이 기억난다. 한국이라면 빈자리를 보고 자연스럽게 앉는 것이 보통이지만, 일본에서는 그것조차 실례일 수 있다. 아무리 자리가 비어 있어도, 반드시 종업원의 안내를 받아야 한다. 이 사실을 몰라 빈자리에 앉았다가, 종업원이 살짝 당황한 얼굴로 다가와 정중하게 안내를 해준 일도 있었다. 이 작은 행동 하나에서도 일본 사회가 얼마나 시스템 중심이고, 그 시스템에 대한 신뢰 위에 돌아가는지를 알 수 있다. "저희가 최적의 자리를 안내해 드릴 테니, 조금만 기다려 주세요"라는 무언의 메시지가 깔린 것이다.

이러한 조용한 예절은 엘리베이터 안에서도 똑같이 적용된다. 일본에서는 엘리베이터 문 옆에 선 사람이 자연스럽게 '열림 버튼'을 누르며 마지막까지 남는다. 규칙으로 정해진 것도 아니고, 누가 지시한 것도 아니다. 하지만 거의 모든 사람이 그렇게 한다. 그리고 모두가 내리고 나면, 조용히 마지막으로 엘리베이터를 빠져나간다. 말없이 남을 위한 역할을 수행하는 모습에서, 나는 일본인의 예절을 보았다. 그것은 타인을 향한 작은 배려며, 동시에 공동체의 일원으로서의 책임감이다.

나도 이제는 엘리베이터 안에서 그 역할을 자연스럽게 맡는다. 한국에 갔을 때조차도 나도 모르게 열림 버튼을 누르고 있는 나 자신을 발견하며, '아, 내가 일본에서 오래 살았구나'라는 생각이 든다.

일본의 주거 문화도 이와 비슷하다. 내가 사는 맨션에서는 옆집 사람이 누구인지 모르는 경우가 많다. 이름도 모르고, 얼굴조차 제대로 알지 못할 때도 있다. 하지만 엘리베이터에서 누군가를 마주치면 서로 고개를 살짝 숙이며 인사를 한다. 그 인사는 단순히 예의 차원이 아니라, "나는 여기 살고 있고, 당신도 이 공동체의 구성원인 것을 알고 있어요"라는 존재의 확인이다. 그 짧은 순간의 교류가 공동체의 정체성을 유지하게 만든다.

일본의 예절을 가장 잘 보여주는 문화 중 하나는 '오미야게お土産'다. 직장에서는 누군가가 여행이나 출장을 다녀오면 반드시 동료들을 위해 기념품을 사 온다. 내용물은 지역 특산 과자, 작고 예쁜 포장의 군것질거리 등 다양하지만, 중요한 건 무엇을 사 왔느냐가 아니라, 그 마음이다. "내가 여행 중에도 당신을 잊지 않았어요"라는 무언의 메시지를 전달하는 것이다.

이 문화는 처음에는 정겹고 재미있었지만, 점차 부담이 되기도 했다. 규슈九州, 홋카이도北海道, 오사카大阪, 나고야名古屋… 출장이 잦은 회사라면 오미야게 과자가 책상에 수북이 쌓인다. 나도 여행을 자주 다니다 보니, 매달 월급에서 일정 금액이 오미야게 예산으로 빠져나간다. 과장하자면, 내 통장 잔액의 일부는 '기념품 적금'이랄까. 물론 농담 반, 진담 반이다.

하지만 오미야게 문화가 마냥 싫지는 않다. 일본의 예절은 누군가가 억지로 희생해야 하는 무거운 짐이 아니라, 모두가 조금씩 나누어지는 공동의 책임처럼 다가온다. 그렇게 일본 사회는, 조용한 배려를 통해 질서와 관계를 유지한다.

표면은 평화로운 회사 안의 예절

　회사 생활 속에서도 일본인의 예절은 자세히 드러난다. 내가 일본에서 처음 회사에 다녔을 때 가장 의아하게 느꼈던 건 바로 '회의 전 회의'였다. 회의에 앞서 소규모의 회의를 진행하며, 정식 회의에서 논의할 사안을 미리 조율하는 것이다. 한국에서도 회의 전 논의가 있기는 하지만, 일본의 그것은 훨씬 정교하고 체계적이다. 사전 회의에서는 각자의 입장을 조율하고, 이견이 있다면 미리 논의해 조용히 해결한다. 그렇게 본회의에서는 이미 합의된 결론들을 정리하고 발표한다.

　처음에는 이 방식이 너무나 비효율적으로 느껴졌다. '두 번 회의할 바엔 그냥 한 번에 해결하지'라는 생각이 들었다. 하지만 시간이 흐르면서, 이 구조가 일본 사회의 예절과 깊이 맞닿아 있음을 깨달았다. 본회의에서의 갑작스러운 충돌이나 불쾌한 감정 표출을 방지하고, 모두가 얼굴을 붉히지 않도록 하기 위한 배려의 구조였던 것이다.

　회사에서는 또 다른 방식의 예절도 목격된다. 예를 들어, 나는 한참 동안 함께 일하던 옆자리 동료의 나이를 알지 못했다. 알고 보니, 일본에서는 직장에서 나이나 사생활을 공유하지 않는 것이 일반적이었다. 어느 날 회사 시스템에서 한 동료의 성이 바뀐 것을 보고 깜짝 놀랐는데, 그제야 "저 지난주에 결혼했어요"라는

말을 들었다. 한국이라면 결혼 소식이 사무실 전체를 들썩이게 했을 텐데, 일본은 "아, 축하해요" 정도로 끝난다. 거창한 회식도, 웅성거림도 없다. 그렇다고 직원의 성이 바뀌었다고 해서 무작정 축하의 말을 꺼내는 것도 금물이다. 성이 바뀐 이유가 결혼이 아닐 수도 있기 때문이다. 반대의 경우일 수도 있고, 민감한 개인 사정일 수도 있다. 그러니 축하를 건네는 것도 조심스럽고 절제되어야 한다. 이것이 바로 일본식 예절이 지키는 '안전거리'인 것 같다.

명함 하나를 봐도 일본인의 예절이 보인다. 대부분의 일본 회사 명함에는 개인 핸드폰 번호나 이메일이 없다. 대신 대표 전화나 부서 전화, 회사 메일만이 적혀 있다. 사생활 보호가 철저하기 때문이며, 급한 일이 있어도 개인 번호로 직접 전화하는 건 매우 실례가 될 수 있다. 업무는 메일이나 회사 메신저를 통해 연락하는 것이 기본이다. 업무의 효율성보다는, 서로의 사생활을 존중하는 예절이 우선시된다.

이처럼 일본의 직장 문화는 '친구와 동료는 다르다'라는 인식을 전제로 한다. 퇴근 후에는 각자의 삶으로 돌아간다. 여자 친구는 잘 만나고 있는지, 지난 주말을 어떻게 보냈는지, 퇴근 후의 일정을 묻지 않아도 이상할 게 없다. 이 거리감은 때때로 차갑게 느껴지기도 하지만, 동시에 내 삶이 존중받고 있다는 신뢰로 돌아오기도 한다.

공기를 읽는 기술 – '혼네'와 '다테마에'

일본인의 예절을 논할 때, 반드시 등장하는 개념이 있다. 바로 '혼네本音'와 '다테마에建前'다. 혼네는 속마음, 다테마에는 겉으로 내보이는 태도를 뜻한다. 일본 사회는 철저히 다테마에를 중시한다. 속마음을 쉽게 드러내기보다는, 상황에 맞는 말과 태도를 취하는 것이 훨씬 중요하다.

나는 처음 일본에 왔을 때, 사람들이 말끝을 흐리거나, 직접적인 표현을 피하는 것이 답답하게 느껴졌다. "이 사람이 지금 무슨 생각을 하는 걸까? 왜 말하지 않을까?"라고 고민했다. 하지만 일본에서의 시간은 나를 조금씩 바꿔 놓았다. 말하지 않는 것도 일종의 말이며, 그 침묵 안에 수많은 언어가 담겨 있다는 사실을 알게 되었기 때문이다.

일본인은 분위기, 표정, 말투, 몸짓, 심지어는 침묵까지도 읽는다. 그래서 일본에서는 "공기를 읽는다空気を読む"는 표현이 일상적으로 사용된다. 회의 자리에서 한 사람이 긴 침묵 끝에 말끝을 흐리며 "그건 조금…"이라고 했을 때, 모두가 그 말의 진짜 의미를 안다. 그 말 뒤에는 수많은 맥락과 감정이 담겨 있기 때문이다.

물론 이 문화는 외국인에게 꽤 높은 장벽이다. 명확한 피드백이 부족하고, 때로는 진심을 알 수 없다는 답답함이 따라온다. 하지만 그만큼, 누구에게도 상처를 주지 않고 관계를 이어가려는 의도가 깔려 있다. 다테마에는 위선이 아니라, 관계를 지키기 위한 장치라 한다. 솔직한 말보다는 조심스러운 배려가 우선시되는 사회에서, 말보다 중요한 건 그 말이 나오기 전의 '공기'다.

예절은 일본인의 사회적 안전거리다

일본에서의 예절은 복잡한 규칙이 아니다. 그보다는 서로서로 배려하며 지켜나가는 사회적 안전거리다. 누군가에게 과한 관심을 두지 않고, 불필요한 간섭도 하지 않으며, 조용히 배려하는 것. 그것이 일본 사회가 안정적으로 돌아가는 비결이기도 하다.

  나는 오늘도 엘리베이터 앞에 선다. 열림 버튼을 누르며, 사람들이 하나둘 내리는 모습을 지켜본다. 그 조용한 순간, 나는 이곳에서 배운 예절을 실감한다. 말없이, 그러나 분명하게 배려하는 삶. 그것이 바로 일본이라는 사회가 조화를 이루며 살아가는 방식이다.

대출은 일본도
어렵습니다

"일본은 금리가 거의 0%라며? 대출도 막 잘 해준다면서?"

한국에 있는 친구들과 이야기하다 보면 종종 듣는 말이다. 실제로 완전히 틀린 말은 아니다. 일본의 주택 담보 대출 제도는 구조적으로 합리적이고, 금리도 한국보다 훨씬 낮다. 연 0.5% 미만의 조건으로 집값의 100%까지도 대출이 가능하다는 말은 결코 과장이 아니다. 주택 담보 대출 비율LTV 100%, 심지어 고정금리로 35년까지도 빌릴 수 있다니, 서울의 아파트 전세 보증금만큼의 금액을 들고 도쿄 시내에 내 집을 마련할 수 있다는 계산도 가능하다.

하지만, 이 제도를 겉보기만으로 판단하는 건 무척 위험하다. 저금리에 고정금리 플랜까지 있다고 해서, 아무나 이 기회를 잡을 수 있는 것은 아니다. 대출이라는 단어 자체에 너무 익숙해져 '대출은 은행이 알아서 잘 해주는 일'이라고 생각하게 될지도 모르지만, 일본의 은행은 결코 그런 곳이 아니다. 아주 분명하게 말하고 싶은 건, 일본의 은행은 복지 단체가 아니라, 냉정한 사기업이라는 사실이다.

일본 은행에서의 대출

일본에서 처음으로 집을 생각하게 된 건, 매달 빠져나가는 월세가 아깝다는 생각이 들었을 때였다. 특히 일본은 보증금, 사례금, 중개 수수료, 관리비, 계약 갱신료 등 월세 외에도 지출되는 비용이 상당히 많다. '이렇게 계속 월세만 내며 옮겨 다니는 게 맞을까?'라는 고민이 커지던 어느 날, 우선 은행을 찾아가 보기로 했다.

은행 문을 처음 두드렸을 때, 나는 꽤 낙관적이었다. 몇 년간 일본에 체류하며 꾸준히 일했고, 일정한 수입도 있었고, 착실히 세금도 납부하고 있었기 때문이다. 이 정도면 기본적인 자격 요건은 된다고 생각했다. 하지만 상담이 시작되자마자, 예상보다 훨씬 더 깊고 구체적인 질문들이 쏟아져 나왔다.

"직장은 어디세요? 정규직인가요?" "회사는 상장기업인가요? 자본금은 얼마이고 직원 수는 몇 명이죠?" "연봉은 어떻게 되세요? 인센티브 포함인가요?" "영주권자이신가요? 아니면 취업 비자?" "일본에 거주하신 지는 얼마나 되셨습니까?"

이쯤 되면 이건 마치 내가 대출을 신청하는 게 아니라, 내가 다니는 회사도 함께 심사받는 기분이었다. 그런데 그 생각이 틀리지 않았다는 걸 곧 알게 됐다. 일본의 대출 심사는 단순한 숫자의 문제가 아니라, '신용'과 '지속 가능성'을 보는 평가였다. 그리고 그 신용은 개인뿐 아니라, 내가 속한 회사와 커리어 전체를 함께 본다.

문제는 그 당시 내가 다니고 있던 회사가 일본 내에서 아직 자리를 잡아가는 단계의 스타트업이었다는 점이다. 대기업도, 상장사도 아니었다. 업계에서는 비교적 알려진 회사였지만, 일본 은행의 시선에서는 단순히 미래가 불안정한 신생 기업일 뿐이었다. 실제로 은행 측은 나보다는 내가 속한 조직을 더 깊게 들여다봤고, 경력 향상을 위한 이직이었음에도 "왜 최근에 이직하셨나요?"라는 질문을 반복했다. 일본은 이직에 대해 여전히 보수적인 시선을 가지고 있다. 한 회사를 오래 다닌 사람이 '성실한 사람'이라는 프레임이 존재한다.

"안정적인 수입이 있으시니, 조건만 잘 맞추면 괜찮을 수도 있겠습니다만…"

'조건만 잘 맞추면'이라는 이 문장은, 일본에서 대출받을 때 가장 자주 듣게 되는 문장일 것이다. 그 조건을 맞추는 게 문제지.

대출을 받기 위해 준비해야 할 서류는 말 그대로 '산더미'다. 수입증명서, 재직증명서, 주민세 납부 확인서, 은행 잔액 증명, 신용조회 동의서 등등. 사인과 도장을 수십 번은 넘게 찍어야 했고, 중반쯤에는 마치 사인회를 하는 기분이 들 정도였다.

대출 허가를 위한 삶의 이력서

그러던 중, 부동산 담당자로부터 한 가지 제안을 받았다. "본인의 상황을 은행에 좀 더 자세히 설명해 주실 수 있다면, 서류 외적으로 판단할 수 있는 여지를 만들 수 있습니다." 담당자와 고민 끝에, 나는 에세이를 쓰기로 했다. 내가 대기업이 아닌 스타트업에 다니고 있는 이유, 그 선택이 단순한 모험이 아니라 나의 가치와 커리어 방향과 맞닿아 있다는 점. 회사가 작지만 빠르게 성장하고 있고, 내가 그 안에서 어떤 역할을 맡고 있는지. 내가 왜 지금 이 시점에 집을 사고 싶어 하는지.

단순히 '집을 사고 싶어서'가 아니라, 이 도시에서 오랫동안 살아갈 생각이고, 그렇게 하기 위해선 나만의 공간이 필요하다는 점. 앞으로도 일본에서 일하고, 이 사회의 일원으로 책임감 있게 살아갈 생각이라는 내용을 담은 글이었다. 그 에세이에는 나의 직업적 철학, 커리어 계획, 일본에 거주하는 이유, 그리고 앞으로의 비전까지 담겨 있었다. 회사 소개 자료, 비즈니스 플랜 일부,

재직증명서와 함께 그 글을 제출했다. 다 쓰고 나서 보니, 그것은 단지 은행을 설득하기 위한 글이 아니라, 나의 과거와 현재를 돌아보는 이력서이자 앞으로의 각오를 담은 출정서였다.

재미있게도, 대출 승인은 그 에세이를 제출한 직후 곧바로 이루어졌다. 말 그대로 한 방에 통과되었다. 부동산 담당자는 나보다 더 기뻐 보였다. 아무래도 내가 집을 사야 중개 수수료를 받을 수 있어서일 테지만, 그런데도 그 순간만큼은 내 일처럼 환하게 웃어주는 모습이 고맙게 다가왔다. "정말 통과하다니 저도 좀 놀랐네요!"라며 손뼉을 쳐주던 모습이 기억에 남는다.

사실 일본에서 대출을 받으려면 은행을 여러 군데 두드려야 한다. 나 역시 메이저 은행부터 지방은행, 인터넷은행까지 다양한 곳에 심사를 넣었다. 조건은 제각각이었지만, 결국 내가 선택한 곳은 인터넷은행이었다. 금리가 낮고 조건도 좋았지만, 그만큼 심사도 까다로웠다. 은행마다 요구하는 서류와 평가 기준이 미묘하게 달라서, 매번 새로운 입사 지원서를 쓰는 기분이었다.

은행의 신뢰를 얻기 위한 조건들

또 한 가지, 일본에서는 '가족'이 중요한 심사 요소가 된다. 결혼을 했거나 일본에 함께 거주 중인 가족이 있다면, '이 사람이 일본에 계속 거주할 가능성'이 높다고 보고 심사가 좀 더 유리해진다. 나와 함께 대출 심사를 준비하던 한 친구는 결혼한 상태였는데, 가족의 이야기를 담은 에세이를 써서 심사에서 좋은 반응을 얻었다고 한다. 이쯤 되면 일본에서 대출을 받는다는 건 단순히 돈을 빌리는 것이 아니라, 삶 전체를 보여주는 일에 가깝다.

　대출 심사에서 중요한 또 다른 요소는 고정 수입의 안정성이다. 연봉이 1,000만 엔이라고 해도, 그중 절반 이상이 성과급이나 보너스라면, 실제 심사에서는 600~700만 엔 수준으로 평가받는다. 고정적으로 얼마를 꾸준히 벌어들이느냐가 핵심이다. 변동성 있는 수입, 예컨대 유튜버와 같은 프리랜서나 인센티브 중심의 급여 구조는 심사에서 불리하게 작용한다.

　이직 이력도 민감한 항목이다. 최근 1년 안에 회사를 옮겼다면, 아무리 연봉이 오르고 경력이 향상된 결과라고 해도, 일본의 은행은 그 변화를 '리스크'로 받아들인다. 다양한 경력과 경험보다, 한자리에 오래 앉아 있었던 사람을 신뢰하는 일본식 문화가 그대로 반영된 결과다. 이런 점에서 나 역시 꽤 많은 질문을 받았다. 이직 직후라서 유독 신중하게 바라보는 분위기였고, 나는 에세이 안에 그 이직의 맥락과 의미까지 설명해야 했다.

　외국인에게 있어 대출의 가장 큰 장벽 중 하나는 바로 '비자'다. 일본에서 아무리 오래 살았다고 해도, 영주권이 없으면 대출 심사는 한 단계 더 어려워진다. 물론 취업 비자 상태에서도 대출이 불가능한 건 아니다. 다만 비자 갱신의 주기, 비자의 종류, 남은 체류 기간 등을 따져가며 은행은 '이 사람이 일본에 얼마나 머무를 가능성이 있는가?'를 예측한다. 일본에서 뿌리를 내릴 의지가 보이지 않는다면, 그건 은행 입장에서 '리스크'다. 상담 도중, 은행 직원이 이렇게 물은 적이 있다. "앞으로도 일본에서 계속 살 계획인가요?" 마치, '당신이 정말 여기 사람인가요?'라는 질문처럼 느껴졌다.

신용 기록 역시 예외는 없다. 일본에서 대출 심사를 받기 전에, CIC라는 신용기관에 개인 기록을 조회하는 경우가 많다. 핸드폰 요금이라든가, 카드 납부 내역, 심지어 한 번이라도 연체된 적이 있는지까지도 다 확인된다. 내가 얼마나 이 사회 안에서 '규칙을 지키며 살아왔는가?'를 수치화해서 들이댄다. 한 번이라도 요금이 밀렸다면? 그건 바로 기록으로 남는다. 일본의 은행은 어느 것 하나 간과하지 않는다.

결국 일본의 대출은 돈을 빌리는 일이자, 신뢰를 빌리는 일이다. 은행은 내가 가진 현재의 수입과 자산보다, 지금까지 내가 어떻게 살아왔는지를 더 중요하게 본다. 얼마나 꾸준하게 일했는지, 어떤 회사를 선택했는지, 어떤 방식으로 이 사회 안에서 자리 잡았는지. 그 모든 것이 서류로, 숫자로, 태도로 드러나야 한다.

한마디로, 대출을 받는 데 필요한 건 돈보다 '인생 이력서'다. 일본에서 대출을 받아 집을 산다는 건, 그렇게 일본이라는 사회의 구성원으로 인정받는 과정이기도 한가보다. 그리고 그 모든 과정을 거친 끝에, 내 이름으로 된 집이 생겼다. 그 감격의 순간, '이제 진짜 내가 이곳의 일원이 되었구나' 하는 생각이 들었다. 은행의 심사 담당자는 아무 말 없이 도장을 찍었고, 수수료를 챙긴 부동산 중개인은 환하게 웃었다. 나 역시 웃었다. 조금은 지친 웃음이었지만.

일본에서
여름&겨울나기

여름의 불쾌지수, 습기와의 싸움

  일본의 여름을 한 단어로 표현하자면, '습하다'가 가장 적절할 것이다. 한국도 덥고 습한 여름이긴 하지만, 일본은 그 습함의 정도가 다르다. 특히 도쿄나 오사카처럼 해안가에 있는 도시들은 습기가 몸에 달라붙는 수준이라 옷을 갈아입은 지 5분 만에 다시 샤워를 하고 싶어진다. 여름철 기온은 한국과 큰 차이는 없지만, 체감 온도는 확연히 다르다. 일본 주택은 단열과 환기에 취약해, 바깥 공기의 영향을 실내에서도 고스란히 받기 때문이다.

  에어컨은 대부분 설치되어 있지만, 오래된 집의 경우 성능이 떨어지거나 냉방 범위가 한정적이어서 큰 효과를 보기 어려운 경우도 있다. 특히 여름철에는 습기와의 싸움이 일상이 된다. 일본 주택은 대체로 환기가 잘 안되는 구조라, 욕실과 주방에서 발생하는 습기가 그대로 방 안까지 퍼진다. 그래서 최근 지어진 욕실에는 건조 기능이 기본 탑재되어 있다. 샤워 후 리모컨의 '건조乾燥' 버튼을 누르면 뜨거운 바람이 욕실 안을 말려준다. 동시에 빨래도 욕실 안에 걸어두고 함께 말리는 시스템이다.

게다가 욕실 천장에는 '24시간 환기' 기능이 있는 경우가 많다. 집 안의 공기를 지속적으로 순환시키기 위한 장치인데, 이걸 틀지 않으면 욕실은 물론이고 방 안 구석구석이 분홍 곰팡이부터 시작해 각종 곰팡이의 습격을 받게 된다. 한국에서는 욕실 문을 활짝 열고 환풍기로 해결하는 경우가 많은데, 일본은 철저히 '닫아두고 내부에서 말리는' 문화다. 여름의 불쾌지수는 단순히 온도 때문만이 아니다. 일본의 집에서 여름을 보낸다는 건 곰팡이, 땀, 눅눅함과의 싸움이다.

욕실은 작은 온천이다

습기와 불쾌지수가 가득한 여름을 견디게 해주는 것 중 하나는 일본 특유의 목욕 문화다. 일본의 욕실은 '씻는 공간'이 아니라 '휴식 공간'에 가깝다. 흔히 욕조와 세면 공간이 분리되어 있고, 물을 받아두는 욕조는 단순히 샤워를 위한 것이 아니다. 뜨끈한 물에 몸을 담그고 하루의 피로를 푸는 의식 같은 시간이다.

더 놀라운 건 이 물을 온 가족이 함께 쓴다는 점이다. 처음에는 꽤 놀랐지만 곧 익숙해진 문화이기도 하다. 욕조에는 뚜껑이 있어서 온도와 수질을 보호해 주고, 최신 시스템은 온도를 41도로 유지하면서 물을 다시 데워주는 기능까지 탑재되어 있다. 심지어 리모컨의 버튼 하나만 누르면 "41도로 목욕물을 받습니다"라는 안내 음성이 나오는 것도 일본 욕실의 매력 포인트다. 뜨거운 물줄기가 욕조에 쏟아질 때의 쾌감은 마치 미니 폭포를 만난 듯한 느낌이다.

또 욕실에는 가스 사용량 확인, 물의 높이 설정, 욕실 청소 기능까지 한 번에 가능한 시스템이 갖춰져 있는 경우도 많다. 욕조 위에는 스테인리스 봉이 설치되어 있어 빨래를 걸 수 있는데, 앞서 언급한 건조 기능과 함께 사용하면 욕실이 세탁실로 변신한다. 욕실 하나에 이렇게 많은 기능이 탑재된다는 점에서 일본은 정말 '물'과 '목욕'의 민족이 맞다 싶다. 한국의 욕실과는 다른, 생활 속 온천 시스템이라고 보면 된다.

겨울, 코타츠와 귤의 계절

가을이 채 끝나기도 전에 일본의 집 안은 겨울 채비에 들어간다. 일본에서 가장 흔한 난방 방식은 에어컨이다. 한국에서는 에어컨 하면 냉방이 먼저 떠오르지만, 일본에서는 사계절 내내 에어컨을 쓴다. 에어컨의 난방 기능으로 겨울을 나는 것이다. 다만 이 방식은 공기를 빠르게 따뜻하게 만들 수는 있지만, 공기를 너무 건조하게 만들고 실내 온도가 오래 유지되지 않는다는 단점이 있다.

그래서 등장한 것이 바로 '코타츠こたつ'다. 일본 만화에서 자주 보던 그 테이블. 평범한 테이블처럼 생겼지만 테이블 아래쪽에는 전열기기가 달려 있고, 담요를 덮어 상판으로 고정한 후 그 안에 다리를 넣고 있으면 따뜻한 열기가 몸을 감싼다. 한 번 들어가면 나오기 싫어지는 마성의 가구다. 코타츠는 일본 겨울의 상징 같은 존재다. 심지어 '고양이 + 코타츠 + 귤'은 일본 겨울 풍경의 고전 조합이다. 우리 집에도 코타츠가 있고, 매년 이맘때쯤이면

전구 장식과 함께 크리스마스트리도 꺼내 놓는다. 트리 가지를 하나하나 펴가며 정성스럽게 만들다 보면, 어느새 연말 분위기가 집 안을 가득 채운다.

그리고 코타츠 위에는 반드시 '귤'이 있어야 한다. 귤 하면 역시 에히메현愛媛県인데, 일본의 대표적인 귤 산지인 에히메현에서는 '수도꼭지에서 귤 주스가 나온다'라는 우스갯소리도 있다. 얇은 껍질을 까는 재미와 함께 귤을 먹으며, 따뜻한 코타츠 안에서 멍때리기를 시작하면 그것이 바로 일본식 겨울맞이의 완성이다. 한국의 온돌바닥처럼 방 전체를 데우는 방식은 아니지만, 따뜻한 구역을 만들어 그 안에서 최대한 느릿하고 여유롭게 시간을 보내는 것이 일본식 겨울 라이프다.

바닥은 차갑고, 공기를 데우는 나라

일본 주택의 난방 문화를 이해하려면 우선 '바닥을 데우는 문화'가 아니라는 점을 받아들여야 한다. 한국처럼 온돌을 깔고 방 전체를 따뜻하게 데우는 방식은 일본에선 일반적이지 않다. 역사적으로도 일본은 '이로리囲炉裏'라는 바닥에 파놓은 불 구덩이에서 나오는 열기로 공기를 데우는 전통 난방 방식을 써왔다. 바닥을 데우는 것이 아니라, 방 전체의 공기를 데우는 문화였던 셈이다.

이런 문화적 배경 덕분에 지금도 가장 보편적인 난방 기기는 에어컨이다. 한국에서는 에어컨이라고 하면 여름용 냉방기로 여겨지지만, 일본에서는 여름과 겨울 모두 사용하는 사계절 필수재다. 에어컨의 난방 기능으로 겨울을 나는 것이 가장 흔하고, 전기 히터나 코타츠처럼 일부 국소를 따뜻하게 데우는 보조 난방 기구를 함께 사용하는 경우가 많다.

최근에 지어진 일부 고급 맨션에는 바닥난방이 설치된 경우도 있다. 하지만 대부분 거실에만 제한적으로 설치되어 있는 경우가 많아, 온돌에 익숙한 한국인에게는 겨울이 특히 춥게 느껴진다. 방에서 침대 밖으로 나가는 그 몇 걸음이 유난히 차가울 때면, 한국의 뜨끈한 바닥이 그리워지곤 한다. 일본에서의 겨울나기는 그래서 조금 더 껴입고, 조금 더 가깝게 모여서, 작은 온기 속에서 살아가는 법을 배우는 시간이 된다.

사계절을 담은 집

일본의 집은 전체적으로 '사계절의 온도차'를 고스란히 담고 있는 구조다. 한국의 집이 외기를 차단하고 내부 온도를 일정하게 유지하는 데 집중되어 있다면, 일본의 집은 바깥과의 연결을 유지한 채 그 안에서 버텨내는 방식에 가깝다. 창문도 단판 유리가 많고, 외풍을 막기 위한 중문 같은 구조도 잘 없다. 그러다 보니 여름은 무덥고, 겨울은 춥다. 하지만 그 안에서 살아가는 방식은 각 계절을 '받아들이는 법'에 더 가깝다.

여름에는 그늘이 지는 위치에 빨래를 널고, 24시간 환기 시스템으로 공기를 순환시키며, 냉방은 최소한으로 유지한다. 겨울에는 코타츠를 중심으로 생활 반경을 줄이고, 에너지 소비를 최소화하며 소박한 아늑함을 찾는다. 그 안에서 귤을 까고, 만화책을 읽고, 잠깐 졸기도 하며 사계절을 보낸다.

일본에서 여름과 겨울을 나는 방법은 어쩌면 일본인의 삶의 태도와도 닮아 있다. 완벽하게 바꾸려 하지 않고, 있는 그대로 받아들이며 그 안에서 자신만의 리듬과 방식을 만들어가는 것. 그래서 일본에서의 사계절은 조금 더 불편하지만, 조금 더 정겹다. 그 안에서 계절을 온몸으로 느끼며 살아가는 시간이 쌓이면, 이 역시 일본살이의 묘미가 아닐까 싶다.

한국과는 다른 매력, 일본의 축제

무더운 여름, 마츠리를 찾아 떠나다

일본의 여름은 살을 태울 듯한 햇살과 후덥지근한 습기로 유명하다. 도쿄 한복판에 서 있으면 마치 거대한 사우나 안에 갇힌 듯한 기분이 든다. 콘크리트 위에 달걀을 깨뜨리면 반쯤은 익을 것 같은 느낌. 그래서 나를 비롯해 일본에 사는 사람들은 지인에게 여름철 일본 여행을 추천하지 않는다. 단, 하나의 예외가 있다. 마츠리祭り, 바로 일본의 전통 축제다.

나는 스스로를 '마츠리 마니아'라고 부를 만큼, 여름이면 일본 각지의 마츠리를 쫓아다닌다. 도쿄에 거주하고 있지만, 여름이 시작되면 가방을 싸서 동북 지역의 아오모리에서 규슈의 최남단

가고시마鹿児島까지 일본의 방방곡곡을 누빈다. 여름 휴가 일정을 마츠리 스케줄에 맞춰 계획하기도 하고, 인기있는 마츠리의 경우 반년도 전에 미리 항공권과 호텔을 예약해 두기도 한다.

왜 이렇게까지 하느냐고? 그 이유는 간단한데, 마츠리는 일본이라는 나라의 정체성과 정서를 가장 잘 느낄 수 있는 순간이기 때문이다. 마츠리는 단순한 행사가 아니다. 그것은 공동체의 기억이 쌓인 일종의 오래된 의식이다. 수백 년을 이어온 전통을 현대에 맞게 재해석하면서도, 그 본질을 지키는 지속 가능성. 마츠리는 마을과 신사, 계절과 지역의 사람들을 하나로 엮어준다. 마츠리의 대부분은 농사의 시작과 끝, 풍년 기원, 조상의 영혼을 기리는 데서 출발했다. 자연과 공존하며 살아온 시간의 흔적이 담겨 있으며 지역마다 특색도 다르다. 의상, 음악, 음식도

한국과는 다른 매력, 일본의 축제

제각각이다. 여름이라 무더운 건 같지만 그 내용은 결코 단조롭지 않다.

마츠리는 유형도 여러 가지다. 웅장한 퍼레이드형, 군무 중심의 무용형, 시각적 스펙터클 중심의 불꽃놀이형. 이 셋 중 하나라도 빠지면 일본 여름을 이야기할 수 없다. 서로 다른 개성을 가진 마츠리들이 일본의 여름을 풍성하게 만들어준다.

현장에서 만난 일본의 정서와 흥

많은 마츠리에 가봤지만 가장 인상 깊었던 것은 도쿠시마현德島県의 아와오도리 阿波踊り*다. 도쿠시마시는 인구가 30만 명도 되지 않는 도시지만, 이 마츠리에는 매년 100만 명 넘는 인파가 몰린다. 도시 전체가 하나의 거대한 무대가 되고, 그 무대에서 펼쳐지는 건 단순한 춤이 아니라 세대를 잇는 전통이며, 지역 공동체의 자긍심이다. 아와오도리의 유래는 16세기 말, 당시 영주가 성 완공을 축하하며 백성들에게 술을 베풀었고, 사람들이 취한 채 춤을 추기 시작한 게 시초로 전해진다. 이 춤은 세월을 지나 전통으로 자리 잡았고, 지금은 일본을 대표하는 여름 마츠리

---

*   아와오도리(阿波踊り, あわおどり): 일본 도쿠시마현을 대표하는 전통 춤 축제로, 일본 3대 본오도리 중 하나다. 매년 8월 12일~15일 사이 도쿠시마시에서 대규모로 열리며, 수백 년의 역사를 자랑한다. 편집자 주

가 되었다.

　어린 시절부터 이 축제에 참여하며 자란 사람들도 많다. 도쿠시마에서는 초등학교에서부터 아와오도리 춤을 배운다고 하고, 춤을 추는 랜連의 행렬은 유치원생부터 장애인 그룹, 노인까지 다양한 계층이 함께한다. 이러한 사회적 약자들이 축제 첫날의 서막을 여는 구조도 감동적이다. 특정한 사람들이 아닌 구성원 모두가 함께 즐길 수 있는 마츠리라는 철학이 잘 드러난다.

　이러한 아와오도리를 보기 위해 교통편이 불편한 도쿠시마까지 직접 가지 않아도 괜찮다. 도쿄의 코엔지高円寺나 카구라자카

한국과는 다른 매력, 일본의 축제

神楽坂에서도 매년 아와오도리 마츠리가 열리는데, 이 두 곳의 축제는 내가 해마다 빠지지 않고 찾는 단골 일정이다. 해가 지면 차도를 막고 행진이 시작되고, 도시의 골목은 순식간에 축제의 무대로 바뀐다. 퇴근한 직장인들은 셔츠 소매를 걷고 손에 맥주나 하이볼을 든 채, 피로를 잠시 내려놓고 리듬에 몸을 맡긴다. 행사 기간 이곳은 도쿄가 아니라 도쿠시마다, 그런 착각이 들 정도로 분위기에 몰입된다. 무심한 표정으로 춤을 따라 걷는 그들의 발끝에서, 진짜 여름이 시작된다.

내가 좋아하는 또 다른 마츠리는 본오도리다. 도쿄에서는 히비야 공원 日比谷公園이나 에비스역 恵比寿駅 광장 등에서 매년 여름 만날 수 있고, 사실 일본 어디를 가든 전통 명절인 오봉 시즌이면 골목 어귀나 공원 한편에서 이 춤판이 벌어진다. 조상의 영혼을 위로하고 보내기 위한 군무에서 유래한 이 축제는 이제 종교적 의미보다는 모두가 어울려 즐기는 여름의 행사로 자리 잡았다. 도심 한복판에서 유카타 浴衣를 입은 사람들과 정장 차림의 직장인들이 어깨를 나란히 하고 원을 그리며 춤을 추는 모습은, 정제된 도시 시스템 속에서 발견할 수 있는 뜻밖의 인간적인 풍경이다. 때로는 마치 일본 애니메이션 속 한 장면에 들어온 듯한 기분이 든다. 어쩌면 도쿄 어딘가의 본오도리에선 유카타를 입고 신나게 놀고 있는 나, 정세월드를 마주치게 될지도 모르겠다.

그리고 절대 빠질 수 없는 것이 하나비, 바로 '불꽃놀이'다. 도쿄 스미다가와 불꽃축제隅田川花火大会, 니가타 나가오카 불꽃축제新潟長岡花火大会 등은 매년 수십만 명에서 백만 명 이상의 관객을 모은다. 일본 사람들에게 불꽃놀이는 여름 그 자체로, 주말 저녁 유카타를 입고 불꽃놀이를 보러 가는 것은 일본 여름의 전형적인 풍경이다. 여름철이면 지하철 객차마다 유카타 차림의 사람들을 만날 수 있어, 어디선가 또 하나의 축제가 열리고 있다는 걸 짐작하게 만든다. 마치 한복을 입고 경복궁을 찾는 외국인들처럼, 유카타를 입고 일본의 여름 축제에 참여해 보는 것은 좋은 경험이 될 것이다. 유카타 대여점은 마츠리 근처에서 어렵지 않게 찾을 수 있다.

골목 안의 따뜻한 마츠리

일본의 마츠리가 늘 거대한 퍼레이드와 스포트라이트를 받는 대형 행사인 것은 아니다. 오히려 내가 가장 좋아하는 건 동네 골목에서 열리는 작고 정겨운 마츠리들이다. 아파트 단지 내에서 열리는 주민들만의 본오도리, 지역 신사의 소규모 행사, 상점가를 따라 늘어선 야타이屋台* 거리 등에서는 사람들의 일상과 축제가 자연스럽게 섞인다. 아이들은 유카타를 입고 물총을 들고

---

* 야타이(屋台, やたい): 일본의 노점, 포장마차, 길거리 음식 가게를 뜻한다. 편집자 주

뛰어다니고, 포장마차에서는 다코야키 たこ焼き, 링고아메 りんご飴*, 야키소바 焼きそば, 오코노미야키 お好み焼き, 카키고오리 かき氷** 같은 마츠리 음식들이 줄지어 만들어진다. 일본의 마츠리는 결국 이 야타이 거리에서 완성된다.

가족 단위 참가자들은 낮은 의자에 앉아 맥주를 마시며 웃고 떠들고, 음악이 흐르면 누구랄 것도 없이 일어나 춤을 춘다. 이곳에서는 관객과 출연자의 구분이 없다. 모두가 이 축제의 주인공이다. 이런 마츠리는 지역 주민들과 기업이 함께 만들어간다. 쓰레기 회수 구역을 지자체가 아닌 민간 스폰서가 운영하는 모습도 흔한데, 그걸 보며 '이게 기업의 진짜 사회적 환원이구나' 싶었던 적도 있다. 기업은 축제를 통해 해당 지역과 관계를 맺고, 그 안에서 신뢰를 쌓는 것 같다.

마츠리는 먼 과거에 마을 미혼 남녀의 만남의 장이었다고 한다. 지금도 유카타 차림으로 불꽃놀이를 보며 말을 건네는 분위기 속에서 새로운 인연이 생길지도 모르겠다. 소개팅이나 데이팅 앱으로 시작하는 만남보다, 마츠리의 소란하고 들뜬 분위기 속에서 우연히 마주치고 말을 나누는 편이 더 설레고 흥미롭지 않을까. 마츠리에는 낯선 사람을 친구로 만들어주는 힘이 있다.

---

* 링고아메(りんご飴, りんごあめ): 사과를 단단한 설탕 시럽으로 감싼 전통 축제 음식으로, 오랫동안 사랑받아 온 대표 간식이다. 편집자 주
** 카키고오리(かき氷, かきごおり): 곱게 간 얼음 위에 과일 시럽, 연유, 팥 등을 얹는 일본식 빙수로, 19세기 요코하마에서 최초 가게가 등장한 후 대중화됐다. 편집자 주

평소엔 정장을 입고 출퇴근하던 샐러리맨, 집안일에 바쁜 주부, 조용히 공부하던 모든 학생이 일상을 내려놓고 춤을 춘다. 마츠리는 반복되는 일상의 전복이며 해방이다.

이렇듯 마츠리는 일본인들에게 계절을 살아가고 있다는 증거다. 공동체를 이어주는 끈이며, 유년기부터 향수로 남아있는 감정의 보관함이다. 이들은 여름이 오면 서랍 속 유카타를 꺼내 입고 나와, 북을 치고 춤을 추며, 불꽃을 올리는 즐거움으로 여름의 더위를 견뎌낸다.

일본 여행 중 마음에 드는 지역을 발견했다면 호텔 프런트에 슬쩍 물어보자. "이 동네 마츠리는 언제 하나요?" 그 질문 하나로 의외의 보물을 발견할 수 있다. 전국 어디서든 마츠리는 자주, 그리고 넓게 열린다. 누군가 내게 "일본의 여름, 뭘 보면 좋을까?"라고 묻는다면, 나는 망설임 없이 말할 것이다.

"하나만 보면 돼요. 마츠리."

그리고 이렇게 덧붙일지도 모르겠다. "마츠리 안 볼 거면… 여름의 일본은 오지 마세요."

일본의 숨은 묘미,
관광산업

다시 떠나는 나라, 일본

 일본이라는 나라는 묘한 매력이 있다. 한 번 다녀온 사람도 또 가고 싶어 하고, 다녀오지 않은 사람은 한 번쯤은 꼭 가보고 싶어 하는 나라. 도쿄와 오사카라는 양대 도시가 일종의 관문처럼 존재하지만, 그 문을 지나 조금만 더 안으로 들어가 보면 생각보다 더 깊고 넓은 세계가 펼쳐진다. 최근 몇 년 사이, 일본은 전 세계 관광객들에게 다시 한번 뜨거운 주목을 받고 있다.
 이 열풍의 배경에는 다양한 요인이 있지만, 가장 큰 이유 중 하나는 단연 '엔저円安'다. 일본 엔화의 가치가 낮아지면서 외국인 관광객들은 상대적으로 저렴하게 여행할 수 있는 기회를 얻게 되었다. 단지 비행기표만 저렴한 게 아니다. 관광지에서 마시는 커피, 식당에서의 한 끼 식사, 편의점에서 사는 군것질까지, 모든 것이 이전보다 싸다고 느껴질 정도다. 일본 여행의 장점 중 하나는 관광지 물가가 로컬 물가와 크게 차이 나지 않는다는 점이다. 유명 관광지에서도 바가지요금이 별로 없고, 도쿄 한복판에서도 체인 라멘집이나 편의점 도시락 하나로 만족스러운 식사를 할 수 있다.

이러한 현실적인 조건 외에도, 일본이 오랫동안 유지해 온 '오모테나시 おもてなし'라는 환대의 문화도 빼놓을 수 없다. 겉으로는 말없이 조용하지만, 그 속엔 철저하게 손님을 배려하는 정신이 자리하고 있다. 호텔 리셉션의 인사, 식당 점원의 미소, 심지어 자동판매기 앞의 청결함까지. 여행자가 만나는 일본의 모든 서비스는 오모테나시라는 문화 코드 안에서 설계되어 있다.

지역을 살리는 관광

일본의 관광산업이 특별한 이유는 '전국이 고르게 빛난다'라는 점이다. 도쿄와 오사카, 교토 같은 유명 관광 도시 외에도, 지역 곳곳이 저마다의 방식으로 존재감을 드러내고 있다. 인구 감소와 고령화로 위기에 처한 지방 도시들이 관광을 통해 살아남으려는 필사적인 노력은 거의 예술의 경지에 다다른다. 도야마 富山

의 눈 벽, 아키타秋田의 설경 온천, 시코쿠四国의 순례길, 야마가타山形의 사케 투어, 규슈의 유후인由布院 온천마을까지. 이 모든 지역이 자신만의 개성과 자원을 활용해 관광객을 끌어모은다.

흥미로운 점은 일본 각 지역의 대기업들도 이러한 지역 관광에 이바지하고 있다는 점이다. 예를 들어 닌텐도는 교토에 본사를 두고, 그 지역에 '닌텐도 뮤지엄'을 오픈했다. 대부분의 글로벌 기업들이 서울로 본사를 이전하는 한국과 달리, 일본은 지역에서 성장한 기업들이 여전히 본사를 그 자리에 유지하고 있으며, 이러한 기업의 지역 정착은 관광산업에도 긍정적인 파급 효과를 준다.

이외에도 지역 IP 활용은 일본 관광의 강력한 무기다. 돗토리현鳥取県에는 '코난 국제공항'이 있을 정도로, 명탐정 코난이라는 만화 IP를 전면에 내세워 지역 브랜딩을 하고 있다. 이를 통해 해외 팬들은 비행기에서 내리는 순간부터 자신이 좋아하는 세계관에 들어온 듯한 체험을 할 수 있다.

이동의 자유, 교통의 즐거움

일본 전국을 하나로 연결해 주는 건 바로 신칸센新幹線이다. 도쿄에서 오사카, 오사카에서 히로시마, 심지어 삿포로나 아오모리까지도 연결되어 있다. 빠르고 정확한 시간표, 역 내부의 편의

시설, 역 도시락인 에키벤 문화까지. 신칸센은 일본 관광의 핵심 인프라다. 물론 교통비는 눈물 나게 비싸다. 한 번 탈 때마다 마음의 준비가 필요하고, 한국처럼 KTX 왕복 표가 10만 원 언저리인 세상은 아니다.

신칸센 외에 일본에는 '저렴한 요금'으로 탈 수 있는 특별한 열차들이 있다. 지역을 달리는 관광열차들이다. 세계 유일의 피카츄 열차를 타기 위해 시골 도시를 찾는 외국인 관광객이 있는가 하면, 도자기 마을을 테마로 한 열차, 만화 캐릭터가 전면 래핑된 열차, 겨울이면 석탄 난로에 오징어를 구워주는 열차도 있다.

단순히 이동 수단을 넘어, 여행의 일부가 되는 교통수단이라는 점에서 일본 열차 여행은 이미 남다르다.

보이는 풍경, 남는 감정

관광이 단지 명소를 보는 것이라면 일본은 훌륭한 '볼거리의 나라'다. 안도 다다오安藤忠雄나 쿠마 켄고隈研吾처럼 세계적인 건축가들이 설계한 건축물들이 전국 곳곳에 있고, 지역 박물관이나 미술관에도 개성 있는 공간이 많다. 단순히 큰 건물만이 아니라, 작은 찻집 하나도 외관과 조경, 간판에 이르기까지 놀라울 정도로 세심하게 만들어진다. 그러다 보니 도시 전체가 하나의 전시 공간처럼 느껴지기도 한다.

이런 공간들은 SNS 시대에 더 큰 빛을 발한다. 백색의 눈으로 덮인 스머프 마을로 유명해진 시라카와고白川鄕, 센과 치히로의 행방불명이 떠오르게 만드는 긴잔온천銀山溫泉처럼, 최근 일본 지방 관광지들은 SNS 트렌드에 민감하게 반응하며 새로운 관광지를 창조해 낸다. 그곳에 실제로 가보면 '왜 여기가 인기지?' 싶을 정도로 소박할 수 있지만, 바로 그 소박함으로 관광의 본질을 자극한다. 유명하지 않아도, SNS에 올리기 좋은 뷰 하나만 있어도, 그걸 스토리텔링으로 승화시키는 능력이 있다.

숫자로 보는 일본의 지금

일본 정부는 관광을 '국가 성장 동력'으로 명확히 설정하고 있다. 코로나19로 닫았던 국경을 열자마자 빠르게 대응했고, 비자 완화, 각종 대중교통 할인 패스 출시 등 여러 방면에서 외국인 관광객을 끌어들이기 위한 정책을 펼쳤다. 그 결과, 2024년 기준 일본을 방문한 해외 관광객 수는 2023년 대비 47% 이상 증가했다. 한국, 대만, 중국 등 아시아권은 물론 유럽, 북미에서의 관광객 수도 꾸준히 상승세를 보이고 있다.

이제 일본의 관광산업은 '회복'이 아닌 '확장'의 단계에 들어섰다. 지방자치단체, 기업, 시민들이 유기적으로 움직이고 있고, 거대한 예산 없이도 아이디어와 기획력으로 관광을 재창조해 내고 있다.

최근 일본의 관광은 단순히 여행지를 둘러보는 것이 아니라, 그 지역에서만 할 수 있는 특별한 경험을 추구한다. 도쿄에서 시작해 오사카, 교토를 지나, 어느 시골의 눈 내리는 마을에서 귤 하나를 까먹으며 보내는 하루까지. 이 나라는 전국이 각자의 방식으로 관광객을 맞이하고, 각자의 목소리로 이야기를 들려준다. 그리고 그 안에서 우리는 각자의 추억을 남긴다.

우리나라의 K-컬쳐가 세계로 뻗어나가고 있는 지금, 일본의 관광산업을 보며 부러운 점이 있다면 바로 이 '지역의 힘'이다.

한국 역시 서울과 부산, 제주를 넘어 전국의 소도시들이 자기만의 개성과 매력을 발산하고, 그것이 'K관광'의 중심이 되는 날이 오길 진심으로 기대해 본다.

3장

내가 좋아하는 도쿄의 매력

도쿄 벚꽃의 성지,
나카메구로

4월 2일 토요일 새벽 6시. 그 누구도 방해받지 않을 권리가 있는 고귀한 시간이다. 흐리면 다시 자기 위해 오늘의 날씨를 확인했는데 '맑음'이었다. 이렇게 일찍 일어난 이유는 명확했다. 이번 주말이 올해의 벚꽃 구경 마지막 기회일 텐데, 일본인의 벚꽃 사랑이 워낙 유별나다 보니 이때가 아니면 앞 사람 머리만 봐야 할 가능성이 크기 때문이다. 밖은 봄이 왔다고 하지만, 우리 집 봄 알림이 케야키欅*는 아직 겨울이다. 간단하게 케야키의 아침밥을 챙겨준 뒤 바나나 하나를 챙겨 먹었다. 이제는 슬슬 나갈 준비를

---

* 케야키(欅, けやき): 일본 전통 건축과 정원, 가로수 등에 자주 쓰이는 크고 단단한 활엽수 '느티나무'를 뜻한다. 일본 전역에서 자생하며, 경관수, 목재, 문화재 건축재로도 인기가 많다. 편집자 주

해야 할 때다.

보통 샤워는 저녁에만 하고, 아침에는 머리 감고 세수만 하는 것이 일상이다. 씻고 나니 슬슬 잠이 깨기 시작해 오늘의 소풍 옷을 골랐다. 벚꽃 나들이에 어울리는 색상을 간택했지만, 새벽이라 아직 쌀쌀할까 싶어 후드티를 하나 덧입고 출발했다. 목적지는 꽤 가깝지만 아침 8시만 지나도 사람들이 모여들기 시작하니 빠르게 발걸음을 옮겨본다.

일기예보 말마따나 오늘 날씨는 역시 맑음이다. 오랜만에 맞는 새벽 아침 공기에 폐가 맑아지는 느낌이라, 앞으로 종종 이 시간에 일어나 마실을 나와야겠다고 다짐했다.

그런데 이게 무슨 일일까? 거리에 즐비했던 나무는 분명 벚나무였던 것 같은데, 꽃은 죄다 떨어지고 푸른 잎이 나고 있는 게 아닌가. 혹시 올해는 이미 늦어버린 걸까? 집을 떠난 지 고작 10여 분, 주머니가 허전해 뒤져봤더니 휴대폰이 없다. 휴대폰은 아직 침대에서 자고 있다는 사실을 뒤늦게 떠올려 버렸다. 하지만 지금도 지고 있을 벚꽃을 생각하면 돌아갈 수 없다.

벚꽃의 막차, 4월

일본에는 벚꽃으로 유명한 곳이 참 많지만, 그중 가장 유명한 곳을 꼽자면 단연 나카메구로다. 역을 중심으로 양옆에 메구로

도쿄 벚꽃의 성지, 나카메구로

강이 있는데, 이 하천을 따라 벚꽃길이 형성되어 있기 때문이다. 일본의 4월은 말 그대로 벚꽃의 계절. 대기업뿐만 아니라 작은 가게들도 벚꽃 마케팅에 박차를 가하는 시즌이다.

  어느덧 도착한 나카메구로 벚꽃길. 관광객이 많은 낮과 저녁 시간을 피해 일찍부터 나와 둘러보고 있는 동네 주민들이 보였다. 요 며칠 내린 비바람에 벚꽃이 많이 져서 생각보다 풍성하진 않았다. 벚꽃 구경은 타이밍과 날씨 싸움에 달려 있다. 벚꽃이 만개하는 기간에 비라도 내리면 이런 모양이 되기 때문이다. 꽃이 듬성듬성한 벚꽃길이지만, 날씨 좋은 주말 아침에 걷는 기분이 나쁘지만은 않다. 그중 아직 벚꽃이 만발한 장소가 보였는데, 하천에 있는 무수한 다리 중에서도 '벚꽃 다리'라는 타이틀을 쟁취

할 자격이 있어 보인다. 다리 난간에서 멍하니 벚꽃을 바라보는 내 손 위에 마지막 잎새처럼 꽃잎이 떨어졌다.

벚꽃에 진심인 나카메구로

7년 연속 나카메구로의 벚꽃 시즌을 즐기고 있는 나는 인적이 드문 아침 시간대 방문을 선호하지만, 첫 방문이거나 북적이는 축제 분위기를 좋아하는 분이라면 낮 시간대 방문을 추천한다. 많은 포장마차 가게가 모여들어 먹을 것이 풍족하기 때문이다. 편의점도 이번 한 주가 대목이다. 갑자기 배고파져 달려온 편의점에는 음료 박스가 쌓여 있고, 음식 판매대도 전투 준비 태세를 완료했다. 아마도 몇 시간 뒤면 텅텅 빌 공간일 것이다. 오픈까지 네 시간 남은 어느 가게 앞에서 잠시 쉬며 핫도그를 챙겨 먹고 다시 한번 걸음을 옮겨본다.

역시 벚꽃에 진심인 나카메구로는 하수구 뚜껑에까지 벚꽃을 심어뒀다. 그중에서도 가장 벚꽃에 진심인 곳이 어디냐고 묻는다면, 단연코 스타벅스라고 대답할 수 있다. 완공 당시 세계에서 가장 큰 스타벅스였던 이곳은, 매장 중심에 벚나무 모양의 초대형 로스팅기를 설치하기까지 했다. 워낙 인기 지점이다 보니 놀이공원 티켓 부스처럼 입장 대기표를 받는 건물이 따로 있을 정도다. 얼마나 많이들 왔다 갔는지 벌써 대기 시간이 90분이다.

오후에 오면 대기 시간은 4시간이 기본이니, 그 인기가 실로 어마어마하다는 걸 짐작할 수 있다. 여행으로 올 경우 오전에 대기표를 받은 뒤 근처에 다녀오는 등 전략적으로 재미난 도쿄 여행을 할 수 있길 바란다.

나카메구로에 3년간 살았던 정세월드. 문득 그때 그 시절이 그리워져 걸어서 5분 거리인 예전 동네로 추억 여행을 떠나보기로 한다. 바로 도쿄 메구로구 히가시야마에 위치한 아파트, 안토레 메구로 히가시야마 アントレ目黒東山다. 볕이 참 잘 드는 집이었는데, 집 주인이 팔면 지금이라도 사고 싶을 정도로 행복한 시간을 보낸 집이었다.

다시 집으로 돌아가는 방향은 언덕길인지라 지하철을 타고 가려는데, 역에 도착해보니 교통카드인 휴대폰이 집에 있다는 사실이 떠올랐다. 어쩔 수 없이 오늘은 뚜벅이 신세다. 해가 떠오르며 밝게 빛나는 벚나무들을 바라보니 막연한 아쉬움이 남는다. 오늘의 벚꽃 나들이는 여기까지다.

집에서 즐기는 특별한 벚꽃놀이

그렇게 집에 돌아왔다. 한참을 놀다 왔는데도 평소에는 아직 자고 있을 시간이라 왠지 모를 보람과 뿌듯함이 밀려온다. 오랜 시간 손에 쥐고 걸었던 딸기라떼를 놓아주고 슬슬 벚꽃놀이 뒤풀이를 하려고 한다. 준비물은 주섬주섬 주워 온 벚꽃잎들이다.

간밤 비에 촉촉해진 꽃잎들을 봉투에 넣고 화장실에 가져가 강아지 털 말리듯 정성스럽게 말려줬다. 벚꽃잎은 아주 민감한 친구들이니 기분이 상하지 않게 부드럽게 다뤄주는 게 포인트다.

그다음 단계가 가장 중요하다. 바로 벚꽃잎 품질 검사 작업으로, 착한 벚꽃잎과 나쁜 벚꽃잎을 가르는 것이다. 벚꽃놀이 뒤풀이 전체 품질을 책임지는 공정이다. 불량 벚꽃들은 살아남을 수 없는 비즈니스의 세계. 살아남은 S급 벚꽃잎들은 비로소 장식에 사용될 수 있다. 느티나무인 케아키를 오늘 하루 명예 벚나무로 임명하도록 한다.

그렇게 섬세한 손놀림으로 우리 집 봄 인테리어를 마쳤다. 심혈을 기울인 작업 뒤에 이어지는 아이스 아메리카노 타임으로 나만의 벚꽃놀이를 마무리했다. 새벽 6시부터 시작한 벚꽃 나들이는 비록 절정을 비꼈지만, 나만의 소중한 추억을 만들어주었다.

　인파를 피해 조용히 즐긴 나카메구로의 벚꽃길, 과거의 추억이 담긴 동네 산책, 그리고 집에서 만든 나만의 벚꽃 인테리어까지. 때로는 이런 소소하고 특별한 일상이 가장 큰 행복을 선사하는 것 같다.

여행자는 모르는
도쿄 세타가야

한겨울임에도 불구하고 믿을 수 없을 정도로 따뜻한 날씨의 토요일을 맞이했다. 서울은 영하인데 도쿄는 17도라니. 앞으로 지구는 어떻게 되는 건지 문득 걱정되었다. 딱히 계획이 없는 토요일이지만 날씨가 좋으니 일단 나가보기로 한다. 가을에 입던 코트를 한겨울에 입자니 어색하지만, 머지않아 또 추워질 날씨를 생각하며 멋을 부려본다. 밖을 나와 걸어 보니 날씨가 좋은 게 더욱 체감된다. 그냥 동네만 걸어도 충분히 행복할 것 같지만, 오늘은 도쿄의 다른 도시를 여행해 보기로 결정한다.

100년 역사를 간직한 노면전차, 세타가야선

전철역으로 가는 길이자, 동네 사람들의 모습에 절로 미소가 지어지는 산책길을 지나, 오늘의 여행 주제를 정했다. 바로 '전차 타고 떠나는 로컬 도쿄 여행'이다. 로컬 여행을 떠나기 위해 도착한 곳은 도쿄 산겐자야三軒茶屋다. 예전에 한 달 살기 좋은 동네로 추천한 적이 있을 정도로, 나의 최애 동네 중 하나다. 관광지라기보단 멋쟁이 로컬 주민들이 많이 모여 사는 동네다. 하지만 오늘의 진짜 방문 목적은 이곳에서 세타가야선世田谷線을 타기 위해서다.

기차, 지하철 여행도 좋지만 개인적으로 일본의 소도시에 있는 노면전차들을 좋아한다. 도쿄에도 노면전차 노선이 무려 두 개나 운행 중이다. 1911년부터 운행 중인 아라카와선 都電荒川線과 이곳 산겐자야에서 출발하는 세타가야선으로, 1925년 개통해 열 개 구간, 총합 17분 거리를 100년간 이어주고 있다. 전차를 이용하는 꿀팁은 바로 1일권을 구매하는 것이다. 1회 탑승 160엔, 1일 무제한권 380엔이니 세 번만 타면 무조건 이득이다. 생각 없이 온 사람들을 위해 코스 중간중간 어떤 곳들이 있는지 보여주는 그림지도도 마련되어 있어 편하다.

하루 5만 명이나 이용하는 만큼, 시발역에서부터 사람들이 가득하다. 탑승한 것만으로도 어느 지방 소도시에 여행이라도 온 듯한 따스한 기분이 든다. 전차는 시속 30km의 속도로 느릿하게 이동하는데, 전차를 탄 채 건널목을 건너고 골목길을 누비며 보는 이 풍경은 1970년이나 지금이나 하나 바뀐 게 없을 것이다.

진짜 도쿄 사람들이 사는 동네, 시모타카이도

태어나기도 이전의 시대 감성에 흠뻑 젖어 있다 보니, 어느새 10여 분이 흘러 종점에 도착했다. 종점의 이름은 시모타카이도 下高井戸인데, 도쿄에서 가장 사람 사는 냄새 물씬 나는 동네 중 하나다. 역 앞에 있는 상점가 초입에서부터 여기는 관광지가 아닌, 사람 사는 곳이란 걸 알 수 있다. 도쿄의 중산층이 오밀조밀 알콩달콩 사는 진짜 모습이 궁금하다면 가이드북에 나오는 곳이 아닌 이 동네가 제격이 아닐까 싶다.

집값을 확인해 보니 혼자 살 만한 집은 한국 돈으로 월 60~70만 원, 둘이 살 만한 집은 월 100~120만 원이다. 도쿄 신주쿠까지 지하철 환승 없이 10분이면 갈 수 있는 걸 생각하면 주거 가성비도 상당히 좋은 동네인 것 같다.

다이소가 전 세계의 100엔샵을 휩쓰는 요즘이지만, 진짜 로컬 100엔샵의 매력도 엿볼 수 있다. 편의점처럼 잘 정돈된 다이소보다는 이런 정리 안 된 동네 가게에 왠지 더 마음이 간다.

마네키네코의 발상지, 야마시타

두 개 노선 중 최대의 관광지인 야마시타역山下駅에도 들렀다. 특징 없어 보이는 이 아담한 동네는 최근 고양이로 관광객을 불러모으고 있다. 바로 이곳이 손짓하는 고양이, 일본의 마네키네코招き猫*가 시작된 곳이기 때문이다. 그래서인지 동네 곳곳엔 이 고양이 관련 상품을 파는 가게들도 많이 보인다. 가게 한편에 붙은 부동산 매물들을 보니, 본업이 부동산 가게, 부업이 굿즈 판매인 곳도 있었다. '돈 버는 법을 아는 사장님이네', 싶었다.

배가 고파 동네 식당들을 기웃거려 보았다. 여행지 식당 선정

---

* 마네키네코(招き猫, まねきねこ): '손짓하는 고양이'라는 뜻의 일본 문화에서 매우 상징적인 존재로, 행운을 부르는 고양이로 잘 알려져 있다. 편집자 주

법은 간단하다. 오래 살아남은 식당은 그 이유가 있다는 걸 믿는 것이다. 1928년에 창업해 100년 가까이 손님이 지속해서 왔다는 건 그 이유가 있을 것이니, 그 역사를 믿고 먹어보기로 한다.

수천 마리 고양이가 모인 성지, 고토쿠지

일본의 에도 시대 한 성주가 어떤 절 앞을 지나가는데, 고양이 한 마리가 자기를 향해 계속 손짓을 해서 다가갔더니 원래 서 있던 자리에 큰 번개가 쳐 목숨을 구했다는 이야기가 마네키네코의 전설이다. 그 이야기 속 절이 고토쿠지 豪德寺다. 기상이변 덕에 늦가을 느낌이 물씬 나는 절 안으로 들어서니 고즈넉하고 예쁘게 꾸며진 절이 나를 반겨주었다.

여행자는 모르는 도쿄 세타가야

절에서 가장 인기 있는 곳은 바로 고양이를 모시는 곳이다. 이 공간에서 재미있는 건 곳곳에 숨어 있는 고양이들을 찾아내는 것이다. 나무 사이나 문틈 여기저기 숨어 있는 고양이들을 찾다 보니 마치 숨바꼭질을 하는 듯한 기분도 들었다.

무엇보다 이 절을 세계적으로 유명하게 만든 것은 절의 뒤쪽에 있는 고양이 봉납소다. 봉납소에는 다양한 크기의 고양이 수만 마리가 모여 있다. 이 모습이 SNS 열풍을 타고 퍼져 손짓 하나로 전 세계인들을 이곳 도쿄로 부르고 있다. 좁은 틈새까지 센스 넘치게 자리한 고양이들을 보니, 이 정도면 고양이 집사들의 도쿄 필수 여행지가 아닐지 생각해본다.

구경을 마치고 다시 이동하는 길, 전시용 전차도 만났다. 1920

년대 이곳을 운행하던 전차이다. 나무로 된 전차 바닥을 보고 있으니 학창 시절 교실 나무 바닥에 왁스칠하던 추억이 떠오른다.

진짜 도쿄를 만나는 여행

도쿄 전체로 보면 이 동네도 꽤 중심가이지만, 한국에서는 이젠 보기 힘든 작은 담배 가판대가 아직 남아 있다. 역시 일본은 바뀌지만, 그러면서도 하나도 바뀌지 않는 재미있는 나라인 듯하다.

11년 전 일본에 처음 왔을 땐 일본에 스타벅스밖에 없나 싶을 정도로 개인 카페가 적었다. 이제는 동네마다 개성 있는 카페들이 많이 생겨 마을 주민들의 사랑방 역할을 톡톡히 하고 있다.

동네 카페에서 커피를 마시며 잘 쉬고, 다시 떠날 시간이 되었다. 오늘의 시작은 노면전차 여행이었지만, 집으로 가는 역으로 향하며 돌이켜보니 관광지로서의 도쿄가 아닌 진짜 도쿄 사람들의 일상을 함께할 수 있는 여행이 아니었나 싶다.

다시 가정집 사이를 달려 도착한 여행의 시작점, 산겐자야역. 예스러운 노면전차가 앞으로 100년, 200년 더 달릴 수 있길 바라며 오늘의 여행과 작별했다.

도쿄 MZ들의 떠오르는 여행지, 미우라반도

창밖을 보니 파란 하늘과 산책하기 딱 좋은 날씨가 펼쳐졌다. 따스한 햇볕을 쬐고 있으니 도쿄의 번화가보다는 근교 여행을 떠나는 게 좋을 것 같다는 생각이 들었다. 이런 날씨만 기다리며 아껴뒀던 곳이 있으니, 바로 미우라반도三浦半島다. 최근 도쿄 MZ세대 사이에서 당일치기 여행지로 급부상하기 시작한 곳이다. 이대로면 올해 안에 일본인들이 더 몰릴 테고 내년부터는 해외 여행객들로 붐빌 테니, 그 전에 얼른 다녀와 보기로 했다.

하나로 해결하는 올인원 패스, 미사키 마구로 티켓

여행의 시작점은 도쿄 시나가와역品川駅이다. 시나가와는 신칸센은 물론 공항 철도까지 다니는 도쿄 최대의 교통 중심지로, 여기서 게이큐선京急線 열차를 타고 미우라반도로 여행을 떠날 수 있다.

일본 열차 여행의 가장 큰 특징은 바로 교통 패스 시스템이다. 열차 회사마다 주요 관광지를 연결하는 특별한 티켓을 판매해서 지역 관광 활성화에 이바지하고 있다.

오늘 구매한 패스는 미사키 마구로 티켓みさきまぐろきっぷ으로, 4,250엔을 내면 A, B, C가 써진 티켓 세 장이 나온다. A티켓은 교통 티켓으로 여행지 왕복 열차, 현지 버스 등을 무제한 이용할 수 있다. 이런 교통 패스는 흔해서 별반 특이할 것 없지만, 여기서 재미있는 건 바로 B티켓인 미우라반도 식사 이용권이다. 그것도 형식적으로 정해진 특정 식당이 아니라 미우라반도에 있는 맛집 수십 곳 중 원하는 곳에 들러 사용하면 된다. 티켓 이름처럼 마구로まぐろ, 즉 참치가 유명한 동네인 만큼 맛있어 보이는 참치 전문점이 가득했다.

하이라이트는 C티켓이다. C티켓은 추억 만들기 티켓이라 해서 온천 카페, 자전거 렌탈, 2층 버스 타기, 이자카야 맥주, 기념품 교환권, 크루즈 타기 등 수많은 체험거리 중 원하는 걸 하나 선택해서 체험할 수 있는 티켓이다. 이쯤 되면 미우라반도 전체를 하나의 거대한 테마파크로 만들려는 관광 당국의 아이디어와 실행력이 존경스럽기까지 하다.

참치의 고장, 미사키 항구

한층 가까워진 후지산을 보다 보니 어느새 종점인 미사키구치역三崎口駅에 도착했다. 미사키三崎는 바다의 곶을, 구치口는 입구를 뜻하니 '곶의 입구' 역 정도가 될 것 같다. 미사키구치역의 히라가나 표기 중 '구치ぐち'가 참치, 즉 마구로의 'ろ'와 글자 모양이 비슷해 참치 테마로 역을 브랜딩한 것이 참신하게 느껴졌다. 참치에 얼마나 자신이 있으면 역 안에 참치덮밥 판매대는 물론 관광 안내센터까지 설치해 놓았을까. 관광산업 활성화를 위한 지역의 노력이 느껴진다.

역 앞에서 버스를 타고 도착한 곳은 미우라 여행의 중심지, 미

사키 항구三崎港다. 붐비지 않는, 적당히 한가한 버스 정류장 앞 풍경만 봐도 벌써부터 이곳 미사키 지역이 마음에 든다. 참치의 고장답게 마을 입구부터 참치 가게들이 보이는데, 아직 한 끼도 못 먹어서 살짝 배가 고파 왔다. 참치 식당이 한 집 건너 한 집 있어서 메뉴 선택이 가장 어려운 나로서는 곤혹스러웠다.

직원이 밖에 나와 있는 식당보다는 사람들이 어느 정도 모여 있는 식당 중 대기가 두 팀 이하인 곳에 들어갔다. 식사권을 직원에게 건네면 주문은 끝인데, 참치 있는 곳에 맥주가 빠질 수 없어 추가로 병맥주 한 잔을 시켜 시원하게 들이켰다. 잠시 후, 식사권 전용 메뉴인 참치덮밥이 나왔는데, 솔직히 한국 돈으로 4만 원짜리 여행 패스에 포함된 거라 퀄리티는 별로 기대하지 않았다. 하지만 깜짝 놀랄 정도로 맛있어서 집 근처였으면 2~3만 원이어도 종종 먹으러 왔을 것 같다는 생각이 들었다.

특별한 바다 체험, 수중 관광선

밥을 잘 먹고 나와 소화도 할 겸 항구를 따라 산책을 하는데 눈길을 사로잡는 노란 배가 보였다. 수중 관광선이라고 쓰여 있는 걸 보니 바닷속을 구경할 수 있나 보다. 팸플릿을 찾아보니 C티켓 추억 만들기 이용권으로 무료로 탈 수 있었다.

수중 관광선이라고는 하지만 잠수함처럼 잠수하거나 구멍이 뚫린 것도 아니어서 의아했는데, 구석에 보이는 지하실 입구로 내려가니 눈앞에 바닷속 풍경이 펼쳐졌다. 언뜻 SF 영화에 나오

는 우주선에 탄 느낌도 들었다. 그런데 물고기가 보이지 않아 갑판으로 올라가 보니 사람들이 갈매기와 놀고 있었다. 갈매기의 모습을 관찰해 보니, 갈매기가 아니고 마치 독수리나 매 같았다. 참치의 도시는 새의 수준도 다르다는 생각이 들었다. 다시 지하로 내려가니 여전히 아무것도 없어서 속은 건가 싶은 순간, 꽤 큰 물고기들이 나타났다. 아쿠아리움이 아닌 실제 바다 한가운데에서 볼 수 있는 풍경이라니, 정말 아름다웠다. 이 많은 물고기가 갑자기 어디서 왔나 싶었더니 위에서 물고기 밥 주기 체험이 한창이었다.

뉴질랜드를 연상시키는 절경, 조가시마섬

미우라반도는 미사키 항구로 유명하지만 하이라이트는 조가시마섬 城ヶ島이다. 버스를 타고 다리를 건너 섬에 도착하면, 조가시마 공원에 들르거나 산책로를 따라 트레킹을 즐길 수 있다. 이곳에서 마주한 풍경은 정말 도쿄 근교 앞바다가 맞나 싶을 정도로 절경이었다. 태평양을 품은 절벽의 모습이 마치 뉴질랜드 어느 해안가에 온 듯한 기분에 빠져들게 했다.

조가시마섬은 유명한 가마우지 서식지이기도 한데, 새를 촬영하러 나온 아버지와 이를 따라 나온 아들의 모습이 평화롭고 정답게 느껴져 한참을 부럽게 쳐다봤다.

　한국의 웨딩 사진이 실내 스튜디오 중심이라면, 일본은 아직 실외 촬영 비중이 꽤 높다. 일본의 20대, 30대 사이에서 섬의 아름다운 명성이 빠르게 퍼지고 있는 만큼, 조가시마섬으로 웨딩 사진을 찍으러 온 일본 커플들의 모습도 많이 보였다. 일생일대의 사진을 찍기에 이만한 곳이 없다는 생각이 들었다.

　푸른 바다와 하늘, 초록빛 언덕, 그리고 일본인들의 정서적 고향인 후지산까지, 이국적이면서도 일본적인 풍경을 모두 볼 수 있는 이곳, 미우라반도. 파도 침식으로 독특한 형상을 갖춘 말등바위처럼 상상력과 호기심을 불러일으키는 장소들도 많아 산책하며 구경하는 재미가 쏠쏠하다.

관동 대지진이 만든 특별한 지형

조가시마 해안을 따라 산책하다 보면 울퉁불퉁한 바닥이 유난히 눈에 들어온다. 사실 이곳은 1920년대 이전에는 모두 바다에 잠겨 있었는데, 관동 대지진 때 땅이 융기하면서 솟아올랐다. 덕분에 이런 바닷속 퇴적층 무늬를 실감 나게 구경할 수 있어 좋았다.

일본 섬 여행의 큰 특징 중 하나는 고양이를 많이 볼 수 있다는 것이다. 마냥 방치된 야생 고양이 같지만, 대부분 마을에서 철저히 관리한다. 태양광 패널을 설치한 무인 쉼터까지 있으니 섬 고양이 팔자가 상팔자 같다.

조가시마섬을 포함해 미우라반도를 둘러보며 드는 생각은 일본에는 아직 붐비지 않고 알려지지 않은 보석 같은 곳이 많다는 것이다. 전 세계 여행자로 붐비는 도쿄 근교의 가마쿠라鎌倉, 가와고에川越, 하코네箱根보다 어쩌면 미우라반도가 모두에게 더욱 추억에 남을 여행지가 될 지 모른다.

조가시마 해변과 작별하고 마을로 걸어 나오자, 멀리 등대가 보였다. 등대에 가고 싶었지만 가는 길이 전부 공사 중이라 빠르게 포기하고 마을을 둘러봤다. 아직 많은 사람이 찾아오는 관광지는 아니라, 기념품보다는 주전부리 간식이나 간단한 잡화를 파는 가게들이 보인다. 아직 상업화가 덜 진행된 이런 모습이 일본 소도시 여행의 즐거움이다.

도쿄에서 교통 패스 한 장 들고 떠나온 이번 여행, 10점 만점에 9.6점을 주며 다음 방문을 기대해 본다. 미우라반도는 아직 많이 알려지지 않은 숨은 보석 같은 곳이지만, 곧 더 많은 사람들이 찾게 될 것 같다. 상업화되기 이전의 순수한 매력을 느끼고 싶다면 지금이 가장 좋은 시기가 아닐까 생각한다.

파란 물결의 향연,
히타치 해변공원

주말 새벽 6시, 이른 기상이다. 이토록 나를 일찍 일어나게 만든 특별한 장소가 있었으니, 일본 여행 영상에서 한 번쯤 보았을 법한 하늘색 네모필라로 뒤덮인 언덕과 강렬한 붉은색 코키아 언덕 コキアの丘이 바로 그 주인공이다. 놀랍게도 이 두 풍경이 한 공원에 자리 잡고 있으며, 도쿄에서 겨우 두 시간 거리에 있다는 사실을 최근에야 알게 되었다.

두 시간 거리를 특급 열차로 이동하기 위해 시나가와역에 도착했다. 아침 7시도 안 된 주말부터 붐비는 시나가와역은 도쿄 하네다 공항 羽田空港 직통 열차는 물론, 나리타 공항 成田空港 직통 열차, 전국을 잇는 신칸센까지 운행하는 일본 국내 여행의 베이스캠프 같은 곳이다. 오늘 탈 특급 열차 히타치호 常陸号*처럼 수많은 특급 열차의 시발점이기도 하여 한 달에 한 번은 꼭 들리게 된다.

기차 여행에서 빼놓을 수 없는 묘미 중 하나는 달걀 샌드위치다. 일본에 와서 먹은 달걀 샌드위치가 1만 개는 넘을 것 같은데, 기차 여행에 이만한 간식은 아직 찾지 못했다. 도쿄에서 1시간 20분 정도 벗어나자 한적해지는 풍경은 한국의 여느 시골 풍경과도 다를 게 없다.

소도시의 자랑, 히타치 해변공원

도착한 곳은 일본 히타치 日立다. 히타치라는 이름을 어디서 들어본 것 같았더니, 우리 집 냉장고가 바로 히타치 냉장고였다. 우연인가 싶었지만 정말 히타치에서 시작된 회사라고 한다. 하지만, 이 지역에서 가장 유명한 건 바로 국영 히타치 해변공원 国営ひたち海浜公園이다. 지역별 관광자원 하나를 정해 운영하는 일본 소도시답게, 지방정부가 몰방한 곳이 바로 이 공원이다. 한정된 자원을 어설프게 분산시키는 것보다 이렇게 하나에 몰방하는 것도 좋은 전략인 듯싶다.

언뜻 보면 그냥 아무 주말에 방문한 것 같지만, 오늘은 1년

---

* 특급 히타치호(常陸号, ひたちごう): 일본 JR 동일본의 특급 열차로, 도쿄와 이바라키현 북부(히타치, 미토, 이와키 등)를 연결한다. 편집자 주

　365일 중 가장 사람이 모이는 시기다. 벚꽃처럼 1년에 딱 일주일만 만개하는 네모필라를 볼 수 있는 시기가 바로 이번 주이기 때문이다. 국영 히타치 해변공원은 생각했던 것보다 규모가 훨씬 컸다. 에버랜드보다도 훨씬 넓다고 하니, 일반 공원보다 테마파크에 가까울지도 모르겠다. 이런 시설을 국영으로 운영하다니 일본의 공원 사랑은 정말 대단한 것 같다.

　공간이 워낙 넓어 지도를 가지러 갔는데, 중국어, 영어, 태국어, 베트남어로 된 지도만 있을 뿐, 한국어 지도가 없었다. 아직 한국 사람들에게는 많이 알려지지 않았나 보다. 11년째 일본에 살고 있던 나부터 몰랐으니 그럴 만하다는 생각이 든다.

파란 물결의 향연, 히타치 해변공원

530만 송이 네모필라의 장관

 재미있는 건 아침 9시부터 푸드트럭들이 영업 중이라는 점이다. 그중에서도 긴 줄을 선 곳이 있어서 가 보니, 뜬금없이 몽블랑 케이크를 파는 가게였다. 몽블랑은 일본 3대 디저트라 불릴 정도로 일본인들이 사랑하는 간식인데, 주재료인 밤 산지가 근처에 있어 인기인 듯하다. 하지만 일본 축제하면 역시 다코야키가 아닌가? 고로 모닝 다코야키로 하루를 시작했다.
 드디어 도착한 네모필라 언덕 입구는 정말 환상적이었다. 특히 파란색과 흰색이 그러데이션된 꽃잎이 앙증맞아 그 매력에 사람들이 자리를 못 뜨고 계속 사진을 찍고 있었다. 1~2만 송이도 아닌 무려 530만 송이가 넘는다고 한다. 언덕이 모두 파랗게

덮인 것을 보니 새삼 비현실적으로 느껴지기까지 했다. 전 세계 네모필라를 다 모아둔 듯한 모습에서 '적당히'를 모르는 일본 공무원들의 면모가 엿보였다.

　이곳은 일본의 유명 관광지들처럼 긴 역사가 있을 것 같지만, 네모필라를 심은 지 20여 년밖에 되지 않았다. 20년 만에 일본 제일의 공원을 만들다니, SNS도 한몫했겠지만, 기획력, 실행력, 운영력 3박자가 모두 완벽하게 맞아 이뤄낸 결과물 같다. 언덕이라 누군가에게는 꽤 힘들 수도 있지만, 오르는 내내 보이는 바다같이 넓은 꽃밭과 정상에서 보이는 진짜 바다, 그리고 다른 한쪽의 끝없는 숲이 가슴을 탁 트이게 만든다. 수백만 송이를 멀리서 내려다보는 것도, 한 송이 한 송이 자세히 들여다보는 것도 모두 행복한 경험이었다. 4~5월에 도쿄를 방문한다면 꼭 한 번 들러보길 추천한다.

　오늘 둘러본 공원은 그저 평화롭게만 느껴졌지만, 사실 2차 세계대전 당시 일본 공군 기지였던 곳이다. 전후 미국이 접수하여 미군이 폭탄을 쏟아붓는 사격 연습장으로 만들었다가, 이후 일본에 반환된 넓은 부지를 군부대가 아닌 평화를 위한 공원으로 조성했다. 저 푸른 네모필라도 평화를 기원하며 하늘과 같은 색으로 심었다고 한다. 그저 아름답게만 보이던 공원에서 새삼 또 다른 의미를 발견하게 되었다. 공원이 너무 넓어 전부 둘러보지는 못했지만, 산책하기 좋은 곳들이 많아서 4~5월 네모필라,

10월 코키아* 시즌이 아니더라도 추천하고 싶은 공원이었다.

공원에는 관람차를 비롯해 다양한 놀이기구도 있었다. 화려한 탈 거리까지 마련된 것은 아니지만 지역 주민 아이들의 사랑방 역할은 충분히 하고도 남을 듯 했다. 놀이공원 한쪽에 있는 식당에서 고기 우동과 생맥주로 점심을 해결했는데, 일본 어디나 있는 특별할 것 없는 맛이지만 많이 보고 많이 걸은 뒤 먹는 음식이라 그런지 제법 맛이 있었다.

530만 송이 네모필라가 만든 파란 언덕의 장관은 평생 잊지 못할 추억이 되었고, 전쟁의 상처를 평화의 상징으로 바꾼 이곳

---

* 코키아(コキア, ほうき草): 일본에서 가을철 경관 식물로 유명한 식물로, 귀여운 모양과 화려한 색 변화 덕분에 SNS나 여행지에서 인기가 많다. 편집자 주

3장 ◦ 내가 좋아하는 도쿄의 매력

만의 서사는 깊은 감동을 안겨 주었다. 히타치 해변공원은 단순한 꽃구경을 넘어 다양한 즐길 거리와 의미 있는 역사까지 품고 있는 특별한 장소로 마음 한 편에 남을 것이다.

특별한 주말 코스,
일본민가원과 오카모토 타로 미술관

　도쿄에서 11년째 직장생활을 하는 나에게도 가끔은 새로운 곳이 그리워지는 날이 찾아온다. 오늘같이 화창한 날씨에는 집에만 있을 수 없어서, 약속은 없지만 일단 나가보기로 했다. 이런 날씨에는 역시 실내보다는 야외가, 그중에서도 사람이 덜 붐비는 곳에 가고 싶었다.

　마침, 나의 도쿄 투어리스트 중에 적당한 곳이 생각났다. 집에서 40~50분 거리에 있는 곳이기에 일단 동네 역으로 향했다. 열차를 타기 전 홋카이도 옥수수차를 마시며 오늘의 목적지를 떠올려본다.

　야마노테선 山手線을 타고 하라주쿠 原宿를 지나 지하철로 갈아탔다. 하라주쿠는 일본 10대들의 패션 성지로 사람 구경하기 좋

아하는 나의 베스트 산책 코스이기도 하지만, 오늘은 번잡한 도쿄가 아닌 여유 가득한 도쿄 여행이 목표였다. 사람들이 하나둘 내리고 나니 넓은 열차에 남은 건 나 혼자. 목적지에 도착하기도 전에 한가로움이 가득했다. 잠시 후 도착한 곳은 무코가오카유엔 向ヶ丘遊園이라는, 유명하지 않은 역이었다. 도쿄 도심에서 20분이면 오는 곳이지만, 낯선 풍경에서 소도시 여행을 온 듯한 기분이 들었다.

살아있는 역사박물관, 일본민가원

오늘의 목적지는 역에서 도보 20분 거리에 있는 일본민가원 日本民家園이다. 도쿄에 사는 나조차 처음 오는 동네로, 화창한 날씨에

특별한 주말 코스, 일본민가원과 오카모토 타로 미술관

오려고 유난히 아껴뒀던 곳이다. 한국어 간판이 마련되어 있어 마을의 첫인상이 좋았다.

일본민가원은 일본 전국의 오래된 집, 즉 고민가古民家를 모아 둔 곳이다. 옛 모습을 따라 재현해 둔 민속촌 같은 곳이 아니라 전국 각지의 집을 그대로 옮겨 가져왔다니, 그 정성이 가히 대단했다.

민가원의 첫인상은 100년 전 메이지 시대 속 거리 그 자체였다. 22년에 걸쳐 지어진 100년이 넘은 집들은 그 시대의 모습을 고스란히 간직한 채 방문객들을 맞이하고 있었다. 집마다 시간별로 다양한 행사와 공연이 열린다고 하니 다음번에는 행사 달력을 꼼꼼하게 보고 와야겠다는 생각이 들었다.

집들을 둘러보며 특이하다고 생각한 건, 오래된 집들이라 엄격하게 관리할 것 같지만 집 안에서 자유롭게 음식을 섭취할 수 있다는 점이었다. 19세기에 지어진, 200년 넘은 집에서 불을 피우고 도시락을 까먹어도 된다니, 이쯤 되면 박물관이 살아있다는 말이 따로 없다. 마구간이 나란히 붙어 있는 옛날 숙소도 흥미로웠다.

과거 산책을 계속하던 중 어느덧 오후 1시 무렵이 되어 배가 고파졌다. 둘러봐도 식당 같은 건 보이지 않는다. 설마 100년 넘은 건물을 소바집으로 쓰고 있을까 싶었는데, 정말 눈앞에 소바집이 있었다. 그릇당 700~900엔으로 가격도 적당했다. 여행 기

분을 내기 위해 사케 한 병을 시켜 쪼르르 따라 마셨다. 조금 전에는 도쿄 하라주쿠에 있었지만, 지금은 마치 기후현岐阜県 시라카와고白川郷*에 온 기분이다. 오늘 아직 갈 곳도 볼 곳도 많지만, 이미 하루가 충분히 만족스럽다.

  그 뒤로도 몇몇 집을 더 둘러봤는데, 마을 전체에서 가장 흥미로운 곳을 발견했다. 바로 200년 된 가부키歌舞伎** 무대였다. 중세 유럽 동네마다 원형 극장이 있었다면 중세 일본에는 가부키

---

*   시라카와고(白川郷, しらかわごう): 일본의 유네스코 세계문화유산이자, 전통 합장(갓쇼즈쿠리) 가옥으로 유명한 아름다운 마을이다. 편집자 주

**   가부키(歌舞伎, かぶき): 일본을 대표하는 전통 예술 공연 중 하나로, 화려한 의상과 분장, 과장된 동작, 독특한 말투로 관객을 매료시키는 전통 무대극이다. 편집자 주

무대가 있었다. 시기를 맞춰 오면 실제 공연도 관람할 수 있다고 하니, 민가원에 다시금 방문할 이유가 생겼다.

오카모토 타로 미술관 탐방

민가원 구경을 마치고 입구 반대편 출구로 나왔다. 출구가 숲속 산책로와 이어져 있어 갑자기 등산 모드가 되었다. 2025년 엑스포를 개최한 오사카는 1970년에도 엑스포를 개최했었는데, 당시 엑스포 기념탑인 '태양의 탑'을 만든 일본의 현대미술가 오카모토 타로岡本太郎의 고향이 바로 이곳 가와사키川崎다.

그가 주요 작품 1,800점을 기증해 일본이 자랑하는 오카모토 타로 미술관이 탄생했지만, 외진 위치 때문인지 찾아오는 사람은 얼마 없는 것 같았다. 태양의 탑을 보겠다고 오사카까지 다녀왔던 나는 두근두근 설레는 마음으로 미술관에 입장했다.

오카모토 타로는 1911년 만화가 집안에서 태어나 도쿄 미대를 졸업한 후 유럽으로 유학, 피카소 작품에 충격을 받고 추상 예술에 심취했다. 이후 일본으로 돌아와 당대 최고의 현대미술 작가로 등극했다. 특히 일본 제1의 프로젝트였던 엑스포 기념탑 책임자가 되어 태양의 탑을 선보이며 전 세계에 이름을 알렸다.

미술관을 떠나기 전 뒤뜰에 올라 대형 작품 '어머니의 탑'을 보는 것을 마지막으로 오카모토 타로의 작품 구경을 마쳤다.

　미술관과 이어지는 자작나무 숲을 지나자 꽤 넓은 공원이 이어졌다. 일본 어느 지역을 가도 공원이 많이 보이는 건 언제 봐도 부럽다. 오늘 하고 싶은 건 다 했지만, 오래만에 처음 방문하는 동네이니 산책을 좀 더 하다 가기로 했다.

　지도 없이 걷는 모르는 동네에서 우연히 발견하는 가게들만큼 재미있는 구경거리가 또 없다. 이 동네도 오래된 마을인지 골목골목이 예스러웠다. 어디 영화에라도 나올 듯 특이한 자판기에 눈이 끌려 한참을 만지작거리다 보니, 정체는 신기하게도 원두 자판기였다.

　오늘 여행의 카페는 노르웨이 본점의 카페 체인점이다. 시부야나 아사쿠사처럼 유명 관광지 위주로 매장을 내다가 뜬금없이 평범한 주택가인 이곳에 매장을 내다니, 의외였다. 복잡한 내부를 피해 커피를 들고 밖으로 나갔다. 실내 카페보다 좋은 야외 카페가 있기 때문이었다.

   카페 앞 작은 둔덕을 오르면 도쿄를 가로지르는 타마강多摩川 산책로가 나온다. 철교 위를 달리는 열차들을 보며 강변을 따라 걷는 이곳은 일본 제일의 야외 카페라 부를 만하다.

   짧고도 굵었던, 어느 겨울날 나의 도쿄 산책 이야기는 여기까지다. 도쿄에 살면서도 이렇게 새로운 곳을 발견할 수 있다는 사실이 여전히 신기하고 즐겁다.

봄에 걷기 좋은 도쿄의 거리, 야네센

한국을 떠나 일본에 살고 있는 가장 큰 이유 중 하나는 바로 황사 없는 90년대 감성의 맑은 날씨다. 주말이면 다섯 시간씩 걷는 자타 공인 산책 애호가로서, 도쿄만큼 산책하기 좋은 곳도 없다고 생각한다.

도쿄의 겨울은 날씨가 좋은 대신 치명적인 단점이 있다. 길게 누운 그림자를 보면 오후 4시는 된 것 같지만, 사실 겨우 12시 반인 경우가 많다. 겨울이면 해가 너무 빨리 져서 오후 5시면 깜깜해지는 것이 최대 단점이다. 따라서 도쿄 겨울 여행은 이른 아침에 시작하는 것이 좋다.

산책하기 좋은 거리, 야네센

화창한 날이라 오랜만에 야네센谷根千으로 향해본다. 야네센은 하나의 지역명이 아닌 도쿄 동북쪽 야나카谷中, 네즈根津, 센다기千駄木를 합쳐 부르는 말이다. 홍대 합정동처럼 하나의 상권으로 형성되어 있는, 명실상부 도쿄 최고의 산책로라 할 수 있다.

여행의 시작은 야나카역 혹은 네즈역이 적절하다. 도쿄 최고의 산책로라 한 만큼 얼핏 생각하면 여행자가 많은 관광지일 것 같지만, 아직 관광지화되지 않은 동네라서 더욱 매력적인 곳이다. 오랜 역사의 동네인 만큼 세련된 식당보다는 정겨운 분위기의 식당들이 많다. 그중에서도 최고의 가게는 바로 우동전문점 네노츠ねのつ다. 지금까지 방문해 본 우동집 중 상위권으로 도쿄 미슐랭 가이드 별 2개를 받기도 했다. 우동을 먹으러 여행 일정을 변경할 가치가 있는 곳이다.

여우를 뜻하는 키츠네 우동きつねうどん이 네노츠의 대표 메뉴다. 일본에서는 유부 넣은 우동을 키츠네 우동이라 하는데, 여우가 유부를 좋아해서 생긴 이름이라고 한다. 면발은 언제 먹어도 탱글탱글하고, 유부는 국물이 가득 배어 유부 이상의 맛을 낸다. 하이라이트는 별도 주문한 완벽한 수준의 반숙 달걀 튀김과 새우튀김이다.

목욕의 나라답게 일본은 동네 곳곳에 옛날식 목욕탕, 즉 '센

토 錢湯'가 남아 있다. 이런 오래된 목욕탕 공간을 고쳐 재사용하는 것이 요즘 트렌드로, 네즈에도 1951년 목욕탕을 카페로 개조한 곳이 있다. 목욕탕이었던 공간으로 들어가면 입구 신발장 인테리어부터 이곳의 정체성을 말해준다. 커피 주문표가 신발장 열쇠 모양이라니 시작부터 쏠쏠한 재미가 있다. 곧이어 보이는 그때 그 시절 목욕탕 타일과 수도꼭지에서 아빠를 따라다니던 1990년대 목욕탕 풍경이 생생하게 떠오른다.

야네센 산책길 필수 코스

50년은 넘어 보이는 알록달록한 디저트 가게들을 지나다 보면

자연스럽게 식욕이 돈다. 그럴 때 가야 할 곳은 개업 77년을 자랑하는 도쿄 찻집의 자존심, 가야바 커피 カヤバ珈琲다. 카페는 77년 되었지만 건물은 109년이나 된, 네즈의 터줏대감 같은 곳이다. 1층은 세련되게 고치고, 2층은 옛 다다미방 모습을 그대로 남겨 두 시대를 모두 즐길 수 있는 공간이다. 커피 대신 차를 주문하고 디저트로는 푸딩을 선택했는데, 한국에 살 때는 거의 먹지 않았던 푸딩이 일본에서는 왜 이렇게 맛있는지 모를 일이다.

골목을 걷다 보면 야네센 산책길 필수 코스가 나온다. 바로 매일매일 직접 맥주를 만들어 팔고 있는 야나카 맥줏집이다. 일본의 도시가 아닌 동네 마을 단위의 상권 브랜딩은 언제 봐도 놀라운 것 같다. 동네에는 80~90년 된 건물들이 그대로 남아 있는데, 대부분 작은 상점들로 활용되고 있어서 옛 건물 구경과 쇼핑을 함께 할 수 있다. 아기자기한 물건 구경을 좋아하는 사람들에게는 천국 같은 곳이 아닐까 싶다.

조금 걷다 도착한 곳은 야나카 공동묘지 谷中霊園다. 역사와 문화의 산책로라고 쓰여 있듯 매우 유서 깊은 산책길이다. 한국은 사람의 주거지와 묘지가 분리되어 있지만, 일본의 묘지는 주거지가 있는 공원과 합쳐진 형태가 많다. 묘지 입구에 힙한 카페가 있는 것도 한국인으로서는 어색하지만, 여기는 일본이니 일본 문화에 맞춰 묘지 공원을 산책해 본다. 걷다 보면 나타나는 특이하게 생긴 돌담길은 일본의 중요 문화재로도 등록되어 있다. 흙과 기와를 교대로 쌓아 올린 건축법으로 600년 전 에도 시대 절과 신사의 권력을 보여주는 담벼락이라고 한다.

중간중간 동그란 삼나무 구슬도 볼 수 있다. 이것은 장식품이 아닌 안내판으로 가게 술이 얼마나 숙성되었는지를 보여준다. 술을 새로 담글 때 녹색 구슬을 걸어두면 이후 술과 함께 구슬의 색상도 갈색으로 익어간다. 그야말로 계절과 시간의 흐름을 보여주는 안내판이라 할 수 있다.

그리고 야네센 지역을 산책하다 보면 굉장히 많은 절을 볼 수 있다. 그 이유는 이 동네가 도쿄의 동북쪽에 자리 잡고 있기 때문이다. 풍수지리적으로 동북쪽은 귀신이 드나드는 귀문이라 에도 시대 도쿄 전역의 절들이 이 동네로 이사를 왔다고 한다. 에도 시대 공식 영험한 동네라 할 수 있겠다.

지나는 김에 잠시 들린 자전거 브랜드, 도쿄바이크 야나카점 トーキョーバイク谷中도 인상적이다. 도쿄바이크는 치마를 입고 탈 수 있는 모델까지 갖춘, 도심 자전거 산책에 안성맞춤인 브랜드다. 가격이 비싸서 항상 구경만 하지만, 언젠가 자전거를 산다면 꼭 이 브랜드의 모델을 사고 싶다.

에도 시대를 담은 동네, 네즈 신사

야네센에서 특별한 관광지 한 곳을 꼽아보자면 바로 네즈 신사

根津神社다. 1900년 전 지어진 네즈 신사는 문화재 그 자체다. 도쿄에 유일하게 남은 신사의 입구인 에도 시대 '누문'과 붉은색이 압도적인 국가 중요 문화재 '당문'을 지나, 옻칠한 건축물 중 가장 깨끗하게 보존된 에도 시대 대표 건축물인 '배전'까지. 모르고 볼 때는 그냥 신사 같지만 듣고 보니 하나하나 긴 세월이 느껴진다.

 1월이라 각종 점괘를 보는 곳에 사람들이 몰려 있다. 글로벌 4개 국어 점괘가 나온다니 세상 참 좋아졌다. 소원을 적는 에마絵馬를 구입해 본다. 에마는 한자 그대로 '그림말'이란 뜻이다. 옛날 일본인들은 신사에 말을 바쳤지만, 말이 비싸다 보니 8세기경에는 소원을 적는 그림말 에마가 등장했다. 현재는 말이 아닌 다양한 그림이 사용되지만, 그 명칭은 예전 에마 그대로 남아 있다.

 그리고 2025년 뱀의 해를 맞아 떠오르는 곳이 있어 찾아갔다. 야나카에 있는, 꼬불꼬불한 골목길이 마치 뱀처럼 생겼다 하여 '뱀의 길'이라 불리는 골목길이다. 한 코너를 돌 때마다 주택 사이사이 작은 가게들이 나와 걷는 재미가 배가 되는, 도쿄 산책인들 사이에서 유명한 산책길이다.

 닛포리역 日暮里駅으로 걸어갈수록 세련되게 탈바꿈한 건물이 많이 보인다. 최근 관광객과 젊은 일본인들 사이에서 야나카가 감성 동네로 소문나는 이유다. 힙한 가게와 60년 된 쌀집이 공존하는 거리라니 이 또한 이곳만의 매력이라 할 수 있다.

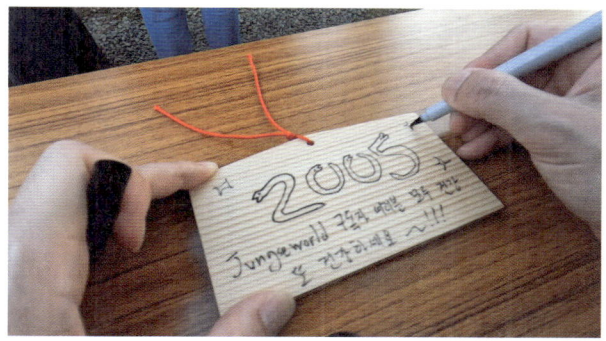

　이곳에는 그냥 지나칠 수 없는 가게가 하나 있다. 바로 120년 된 술가게, 에치고야 越後屋 주점으로 야나카의 터줏대감이자 정체성과 같은 가게다. 그냥 에비스가 아닌 호박 에비스 생맥주가 있어 주문하고, 테이블에 자리를 잡았다. 산책을 마무리하며 마시는 맥주 맛은 그야말로 꿀맛이다.

　사람들 구경하며 홀짝이다 보니 어느새 비어 버린 잔이 아쉽지만,

아쉬울 때 떠나야 다음에 오면 더 반가운 법이다.

누군가는 강아지를 데리고 산책을, 또 누군가는 오늘 저녁 먹을 반찬거리 구매를, 또 누군가는 맥주 한 잔과 크로켓을 포장하며 야나카의 낮이 저물어 간다.

그냥 보기만 해도, 마음껏 만져도, 혹은 아무것도 안 사도 된다는 가게들이 있는, 후한 인정이 넘치는 사람들의 거리 야네센. 산책을 사랑하는 모든 이에게 도쿄 야네센 여행을 추천한다. 목적지 없이 골목길을 걸으며 개성 넘치는 가게를 구경하는 것, 그것이 이곳 야네센을 산책하는 최고의 방법이다.

남자는 괴로운 일본 소도시, 도쿄 시바마타

12월 한겨울 맑은 날씨를 맞이했다. 요즘 개인적으로 바쁜 일이 많아 집과 회사만 반복하는 일상이었는데, 이런 좋은 날씨에 집에만 있을 수는 없었다. 가까운 근교로 산책이라도 다녀올 생각으로 집을 나섰다.

숙박을 할 계획은 아니라서 최대 한 시간 정도 이동하는 곳으로 생각해 보았다. 도쿄에 11년째 살고 있으면 안 가본 동네가 없을 것 같지만, 사실 아직 안 가봤고 가보고 싶은 동네가 상당히 많다. 오늘은 레트로한 감성이 일품이라는 도쿄의 동쪽 끝, 시바마타柴又로 결정했다.

'남자는 괴로워'의 성지, 시바마타

 시바마타는 한국인의 경우 99% 들어본 적 없을 테지만, 도쿄에서 가장 레트로한 여행을 할 수 있는 마을이다. 일본의 전원일기라 할 수 있는 국민 드라마 《남자는 괴로워 男はつらいよ》*의 배경이기도 해서, 일본의 80년대 쇼와 시대를 살아온 사람들에게는 마을 자체가 추억 그 자체인 곳이다.
 도쿄의 동쪽 끝에 있는 만큼 서쪽에 있는 우리 집에서는 꽤 먼

---

* 《남자는 괴로워(男はつらいよ)》: 1968년 방영된 TV 드라마이자, 1969년부터 1995년까지 제작된 총 48편의 극장판 영화로 일본 최장수 국민 시리즈다. 떠돌이 장사꾼 토라상이 인생의 희로애락과 사랑의 아픔을 반복하며 살아가는 이야기를 담았다. 편집자 주

편이지만, 한 시간 정도면 충분하다. 오늘의 여행 음료로 홋카이도산 옥수수차를 준비했다. 보리차, 호지차, 녹차 다 좋지만, 겨울에는 홋카이도의 겨울 맛인 고소한 옥수수차가 제맛이다.

 환승을 위해 도쿄 동쪽의 관문 도시 닛포리日暮里에서 열차를 갈아탔다. 생소한 플랫폼에서 벌써 어디 여행지라도 온 기분이 들었다. 조금만 이동해도 분위기가 확확 바뀌니 도쿄가 크다는 것을 새삼 느꼈다.

 드디어 도착한 오늘의 목적지, 도쿄 시바마타. 지역 관광 브랜딩의 대가 일본답게 온통 《남자는 괴로워》로 브랜딩이 되어 있었다. 종영 30년이 된 드라마를 잊지 못해 지금까지 일본 각지의 팬들이 모이고 있다니, 역을 나가기도 전에 콘텐츠와 문화 산업의 힘이 대단하다고 느껴졌다.

 1968년 시작된 드라마 《남자는 괴로워》는 이후 영화까지 제작되었는데, 국민적인 인기 속에 1995년까지 영화만 총 48편이 만들어졌다. 이는 세계 최장편 영화 시리즈로 기네스북에도 등재되어 있다. 역 앞에서 주인공 토라상寅さん과 여동생의 동상을 한참 쳐다보았는데, 1996년 토라상이 세상을 떠나지 않았다면 시리즈는 오늘날까지 이어지고 있었을 것이다.

 작은 상점에 들러 어디에 쓰는 건지 도저히 알 수 없는 고대 문명들을 살펴보며 쇼와 시절 레트로함에 흠뻑 빠져들었다. 일본 밖에서는 유명한 동네가 아니지만 일본에서는 가족, 친구끼리

자주 놀러 오는 곳이라 상점가도 꽤 발달했다. 특히 옛날 분위기의 먹거리 가게들이 많아서 현대식 빌딩 숲의 도쿄와 상반되는 이국적인 경험을 할 수 있다.

불량 식품 가득한 문방구에 들러 구경을 해 보았다. 정신연령 '낭랑 8세'인 나는 색소 가득 대형 막대 사탕 하나를 뽑아 들고 가게 탐방을 이어갔다. 핀볼 같은 각종 레트로한 게임기에 다들 빠져 있는 모습을 보며, 수업을 마치고 오락실에 가는 게 낙이던 학창 시절이 떠올랐다. 한참 동안 자리에 앉아 오랜만에 실력을 발휘해 보았다.

타이샤쿠텐과 맛집 탐방

오락실에서 나와 마을 제1의 번화가인 타이샤쿠텐柴又帝釈天 상점가로 향했다. 상점가 입구에서부터 외국인들을 위한 관광 안내센터가 있는 것이, 정말 관광산업이 소도시의 미래인 것 같았다. 도쿄의 오래된 상점가로는 아사쿠사浅草나 근교의 가와고에川越가 많이 알려져 있지만, 이들은 이미 디즈니랜드처럼 관광객들을 위한 관광지가 된 지 오래다. 1887년 메이지 20년부터 이어진 타이샤쿠텐 같은 로컬 상점가가 사실은 여행자들이 진짜 보고 싶어 했던 일본의 옛 정취가 어린 거리가 아닐까 싶었다.

상점가에 비치된 전병들을 보고 있으니 살짝 배가 고팠다. 장어가 유명한 마을이라 하지만, 대형 솥에 튀겨지는 튀김을 보고 있자니 오늘 점심은 튀김덮밥인 텐동天丼을 먹고 싶다. 대충 아무 가게나 들어가 텐동과 맥주 한 병을 주문했다.

텐동은 생긴 건 투박하고 대충 만든 것 같지만, 상당히 맛있었다. 시바마타에 다시 온다면 고민 없이 이곳으로 먹으러 올 만큼 훌륭한 맛이었다. 맥주 포함 약 1,800엔을 내고 나오니 바로 옆에 시바마타의 명물 쿠사당고草団子가 보였다. 한국식으로 표현하면 쑥을 넣은 찹쌀 경단 정도로 볼 수 있는데, 이 동네 쿠사당고의 특징은 떡 위에 팥을 엄청나게 올려준다는 것이다.

그리고 타이샤쿠텐은 사실 지명이 아닌, 길 끝에 있는 절의 이름이다. 17세기에 지어진 불교 사원으로 이곳 시바마타 여행의 중심지라 할 수 있다. 오래된 목조 건물을 둘러보며 걷고 있으니 몸도 마음도 맑아지는 기분이 들었다.

절 구경을 하고 나와 근처에 산책하기 좋은 곳이 있다고 해서 가보기로 했다. 작은 언덕을 오르니 강변 시민공원이 내려다보였다. 일본 어느 공원에서나 볼 수 있듯이 지역 학생들이 제2의 오타니大谷*를 꿈꾸며 연습하고 있었다. 이를 응원하는 학부모의 모습까지 곁들이니 성장기 청춘 드라마가 따로 없었다.

---

* 오타니 쇼헤이(大谷翔平, おおたにしょうへい): 일본 출신의 메이저리그 야구 선수로, 투수와 타자를 동시에 소화하는 이도류(二刀流)의 상징적인 선수다. 편집자 주

전통 나룻배로 떠나는 특별한 체험

시바마타 공원柴又公園에 와보고 싶었던 이유는 사실 따로 있었다. 에도 시대부터 이어져 온 나룻배 선착장이 있기 때문이다. 도쿄에서 유일하게 수백 년 지난 현재까지도 운영하는 곳이다. 바로 이곳 도쿄와 건너편 치바현千葉県을 이어주는 인근 유일한 교통편이기도 하다.

치바현에 볼 일은 없으니 왕복 승선료를 지급하고 나룻배에 탑승했다. 그런데 선장이 갑자기 이상한 주문인지, 방언인지 모를 구호를 외치더니 만담을 펼치기 시작했다. 최대 31명까지 탈 수 있는 배에 나 혼자 전세를 낸 상황이라 마음이 조금 무거웠다.

하지만 라디오 듣듯이 만담을 들으며 강 위를 유랑하니 이 순간 도쿄 제일의 한량이 된 듯했다. 오다이바ぉ台場에서 화려한 유람선을 타고 보는 레인보우 브릿지*도 멋지겠지만, 나룻배를 타고 보는 치바 논두렁이 기억에는 더 오래 남을 것 같았다.

나룻배에서 내린 뒤 카페에 들리기로 했다. 가기로 결정한 곳은 1926년에 지어진 야마모토가의 대저택 야마모토테이山本亭다. 4대에 걸쳐 이어진 부자 가문의 집을 나라에서 취득해 대중에 공개하고 있는데, 2023년 일본 3대 정원에 뽑힐 정도로 아름다운 정원을 가지고 있다.

입장료 100엔을 내고 들어가니 한국어 가이드가 마련되어 있었고, 집의 절반 이상의 공간은 앉아서 차를 마실 수 있게 되어 있었다. 고택에 앉아 정원을 바라보며 마시는 차만큼 특별한 경험도 없을 것 같았다. 집 한쪽에는 차를 마시며 만담 공연을 볼 수 있는 공간도 있어서, 일본의 전통문화를 체험하려면 이제 붐비는 교토가 아닌 도쿄의 시바마타를 와야 하는 게 아닐까 싶었다.

주문 방법은 따로 없이, 집 안에 비어 있는 테이블에 앉아 차 교환권을 올려두면, 직원이 차를 주고 교환권을 가져가는 시스템이었다. 도쿄 도심이었으면 몇 시간은 기다려야 했을 분위기

---

* 레인보우 브릿지(Rainbow Bridge): 오다이바와 도쿄 시내를 연결하는 다리로, 도쿄만의 상징적인 야경 포인트다. 편집자 주

의 장소이지만, 테이블의 4할 가량은 항상 비어 있어 보였다. 이런 여유로움이야말로 잘 알려지지 않은 곳을 여행할 때 누릴 수 있는 최대의 장점이다.

고즈넉한 상점가를 지나 다시 시바마타역으로 돌아가는 길. 겨울이라 그런지 오후 5시도 되기 전에 거리는 벌써 어둑해졌고, 기온도 부쩍 쌀쌀해졌다. 문득 따끈한 아마자케 甘酒가 떠올랐다. 아마자케는 일본의 전통 막걸리 같은 걸쭉하고 달달한 술의 한 종류인데, 뜨겁게 데워 마시는 술이라서 겨울철 손과 몸을 녹이기에 안성맞춤이다.

도쿄의 동쪽 끝 시바마타. 드라마《남자는 괴로워》속 이야기는 1995년에 끝이 났지만, 살아가는 사람들의 이야기는 어제도 오늘도 진행형인 도쿄에 숨어 있는 레트로 골목 마을이다. 뻔한 도쿄 여행 속에 특별한 하루를 꿈꾸는 모든 이들에게 시바마타를 추천한다.

4장

훈일이 꼬마, 구석구석 일본 여행

미군과 일본이 융합된
특별한 소도시, 사세보

며칠간의 휴가를 맞아 규슈 나가사키현長崎県으로 여행을 떠난다. 호캉스를 해볼까 했지만 5분 만에 심심해질 터라 어디라도 다녀오는 여행을 택하기로 마음먹었다.

이번 여행의 최대 장점은 나가사키역에서 호텔까지 단 20m 거리라는 점이다. 나가사키는 규슈에서도 꽤 교통이 불편한 곳이라 여행자가 많지 않은데, 최근 후쿠오카발 신칸센이 개통되어 조만간 붐비기 시작할 것 같다.

오늘의 목적지는 나가사키현의 소도시 사세보佐世保다. 내가 가장 좋아하는 음식들이 있는 규슈 최고의 도시 중 하나이기에, 무엇을 먹을까 하는 행복한 고민을 하며 열차에 올랐다. 열차 여행의 진정한 묘미는 창밖 풍경에 있는 법인데, 달리는 열차에서

도 보이는 투명한 바닷물을 한참 동안 넋을 잃고 바라보았다.

천혜의 요새, 군사도시 사세보의 역사

사세보역에 도착해 가장 마음에 드는 '항구'라는 이름의 출구로 나왔다. 사세보의 역사는 항구의 역사라고도 할 수 있다. 1km 해협을 끼고 깊숙이 위치한 천혜의 요새 같은 입지로, 오랜 시간 군사도시로 성장했던 곳이다. 일본은 제2차 세계대전의 전성기를 찍던 중 미군의 대공습으로 급격히 몰락했고, 전후 군사시설 전체를 미군이 몰수해 지금까지 항만시설 대부분에 미국 제7함대가 주둔하고 있다. 평온한 항구 너머로 보이는 군함들이 사세보가 어떤 곳인지를 보여주고 있었다.

이곳 항구는 나름 지역 최대의 번화가로 관광객을 유치하는 데도 열심인 것 같은데, 관광객보다는 주말 산책을 나온 미군들의 모습이 많이 보였다. 사세보 최대 규모의 쇼핑몰인 5번가도 있었지만, 쇼핑몰보다 재미있는 건 강아지 구경이었다.

관광 안내소에서 여러 가지 홍보물을 살펴본 뒤, 쿠주쿠시마 해상국립공원에 九十九島海上国立公園에 가봐야겠다고 결정했다. 트램이나 지하철이 없는 소도시라 할 수 없이 버스를 이용해야 했는데, 웬만하면 렌터카 여행을 추천하고 싶다. 여행객이 없는 소도시에서 원하는 버스는 24시간에 한 대뿐이다. 다행히 그 한 대가 15분 뒤에 있어서 운 좋게 탈 수 있었다. 버스로 시내를 빠져나와 한참을 꼬불꼬불한 산길을 지나서야 목적지에 도착할 수 있었다. 버스 정류장에서 1km 남짓 딱 걷기 좋은 거리에 있는 전망대로 향했다.

사세보는 주민 22만 명 중 무려 2만 명이 미국인인데, 그래서인지 이런 산속에도 미국풍 주택촌이 모여 있는 게 이색적이었다. 전망대에 도착하니 쿠주쿠시마 九十九島[*]가 한눈에 들어왔다. 99개의 섬이라는 이름처럼 수많은 섬으로 이루어진 풍경이 매우 뛰어났다.

---

[*] 쿠주쿠시마(九十九島, くじゅうくしま): 나가사키현 사세보시 앞바다에 있는 다도해로, 수많은 작은 섬들이 모여 환상적인 풍경을 이룬다. 편집자 주

일본인들에게도 잘 알려지지 않은 사세보 땅끝마을 전망대는 과연 찾아올 가치가 있을까? 답은 단연 'Yes'다. 실제로는 99개보다 많은, 208개의 크고 작은 섬들이 놓인 바다의 모습을 한참이나 바라보았다.

미군이 전한 햄버거 문화, 사세보 버거

전망대 구경을 마치고 내려오는 길, 중간중간 작은 전망대가 마련되어 있어 틈틈이 들러 바다 구경을 하고 따스한 햇볕을 쬐며 하늘 구경도 했다. 한적하고 평화로운 산책길이었다. 길 중간중간 전기등도 설치되어 있는 것을 보니, 서쪽 바다라 일몰 명소이기도 한 것 같았다.

버스 정류장에 돌아왔더니 버스가 오는 시각은 13시 28분, 현재 시각은 13시 32분이다. 버스를 딱 4분 차이로 놓쳐 버렸다. 갑자기 심란해지니 배가 고파, 근처에서 뭐라도 먹을 곳을 찾아보았다.

미 해군이 사세보에 뿌리내린 1950년. 미군은 음악, 음식, 패션 등 서구 문화를 들고 왔다. 그중 지금의 사세보를 만든 것이 바로 햄버거다. 거주 미국인들을 위한 햄버거는 점차 사세보 고유의 레시피로 발전했고, 사세보는 일본 햄버거의 기원이자 제1의 버거 도시가 되었다. 사세보역을 시작으로 전설적인 햄버거

가게의 본점들이 도시 곳곳에 있는데, 사세보 버거의 전통 레시피를 사용한 인증점만 받을 수 있다는 인증 간판을 꼭 확인해야 한다.

도착한 곳은 인증점 중 하나인 사세보 버거 佐世保バーガー 본점이었다. 이곳이 다른 가게들보다 압도적인 게 하나 있었으니, 그것은 바로 경치였다. 전 세계까지는 모르겠지만, 일본에서는 가장 경치가 좋은 버거집일 것이다.

운전을 하지 않는 뚜벅이 여행의 최대 장점이라면, 그건 바로 운전자는 누릴 수 없는 알코올의 자유다. 한참 걷고 난 뒤 마시는 맥주만큼 시원한 게 또 없었다. 베이컨, 달걀 그리고 특제 소스가 어우러진 사세보 버거 역시 너무 기름지거나 무겁지 않아 남녀

노소 전 지구인에게 추천하고 싶은 맛이었다.

전쟁의 흔적이 남은 거리들

시내로 돌아가는 길, 언덕 위에 있는 미우라초 성당 カトリック三浦町教会을 발견했다. 사세보가 속한 나가사키현은 16세기부터 개항을 한 일본 최초의 개항 도시인데, 이 성당도 1931년 건물로 100주년을 앞두고 있다.

제2차 세계대전 당시 연합군 폭격으로 모든 게 사라졌던 사세보에서 어떻게 버텼나 했더니, 새하얀 성당을 전부 검게 칠해 폭격기의 눈을 피했다고 한다. 아름다운 스테인드글라스와 아치형 천장은 방문객에게도 공개되고 있다고 하여 방문했는데,

미군과 일본이 융합된 특별한 소도시, 사세보

아쉽게도 30분 전에 운영 시간이 끝나 볼 순 없었다.

어찌 보면 사세보의 역사는 전쟁의 역사다. 전시 폭격을 피해 바위 아래에 동굴처럼 방공호들이 지어졌는데, 전후 방공호에 하나둘 가게가 생겨나기 시작했다. 바로 터널 거리 '톤네루 요코초 トンネル横丁'*다. 상권이 죽은 건지 저녁에만 여는 건지, 주말임에도 열린 가게들은 없었지만 방공호와 시장이라는 이색적인 조합의 텅 빈 거리를 혼자 둘러보았다.

근처에 사세보 최대의 상점가인 욘카초 四ヶ町가 있어서 가봤는데, 역시 가장 먼저 보이는 건 사세보 버거였다. 이곳은 무려 1km의 거리로 일본에서도 길기로 소문난 상점가다. 1990년대 이태원을 온 듯 서양식 가게들도 보였는데, 저녁에는 미 헌병들이 순찰을 돈다고 한다.

골목 구석에서 발견한 카페 구니마츠 くにまつ는 1971년 창업 당시의 분위기를 그대로 유지하고 있는 곳이었다. 이런 여행지에서는 스타벅스가 아닌 지역 카페가 제맛이다. 빨갛게 익어가는 오븐에서 나는 향과 해군 감성 가득한 카페 분위기에 한참을 빠져 있었다.

대학교에 합격해 내일 사세보를 떠나는 아들과 함께 마지막으

---

* 톤네루 요코초(トンネル横丁, トンネルよこちょう): 일본 나가사키현 사세보시의 '토노오시장가(戸尾市場街)' 내에 있는, 제2차 세계대전 당시 만든 방공호를 그대로 식당가와 상점가로 전환한 골목이다. 약 8m 높이의 금속 암석 터널에 상점과 음식점이 들어서 있다. 편집자 주

로 카페에 방문했다는 단골 부자의 사연이 들려왔다. 그런 아들 손님을 위해 커피 위에 서비스로 아이스크림을 잔뜩 올려주는 카페 주인의 모습이 잔잔한 드라마 같아 좋았다. 선장처럼 호탕했던 주인은 작별할 때 내게 스티커까지 몇 장 챙겨주었다.

　카페에 있다 보니 조금 출출해져 스테이크집에 갔다. 사세보에는 햄버거와 함께 미군이 가져온 식문화, 스테이크가 유명하다. 하지만 고깃덩어리인 스테이크는 당시 사세보 주민들 입맛에 맞지 않았고, 주민들은 이를 자신들의 스타일로 변형시켰다. 바로 레몬과 특제 간장 소스를 사용한 레몬 스테이크다. 사세보 버거와 다르게 다른 지역에선 찾아보기 힘드니 사세보에 오면 꼭 먹어봐야 한다. 처음 가는 스테이크집이라도 그곳에 미국인 단골이 있다면 그 자체로 맛은 무조건 보장된다.

미군과 일본이 융합된 특별한 소도시, 사세보

지글거리는 철판에 레몬 소스를 잔뜩 뿌려주면 레몬 스테이크 완성. 세상에 맛없는 스테이크가 어디 있겠냐마는, '스테이크가 이렇게 가볍고 깔끔할 수 있구나' 싶은 맛이었다.

딱히 할 일이 없어 둘러보는 일본인에게도, 외국인에게도 비인기 여행지인 사세보. 화려하지 않은 소도시 여행이었지만 도시 속에서 역사와 만나고, 역사 속에서 맛있는 음식도 만날 수 있었던 하루였다. 언젠가 기회가 되면 일본 본토의 서쪽 끝, 사세보에 방문해 미군과 일본 문화가 독특하게 융합된 이 소도시에서 특별한 여행의 추억을 만들기를 바란다.

후쿠오카 이제 그만,
이젠 나가사키의 시대

    어느 토요일 아침, 도쿄 하네다 공항 羽田空港이다. 현재 시각은 아침 7시 24분. 한참 자고 있어야 할 이른 주말 아침에 나는 또 다른 여행을 떠난다. 여명이 밝아오는 5시 24분, 비행기 이륙 두 시간 전부터 열심히 움직였다.

    딱히 이렇다 할 취미는 없지만, 굳이 꼽자면 일본 지역들을 하나씩 구경 가보는 것이 취미다. 일본에 살 때만 할 수 있는 것이라 즐겨하고 있다. 그중에서 오늘 가려고 하는 곳은 일본에서 가장 이국적인 도시 나가사키 長崎다. 음식, 문화, 자연, 역사 모두가 어우러진 곳인 만큼 벌써 기대가 된다.

    한국 국내선에 김포공항이 있다면 일본의 국내선은 도쿄 하네다 공항이다. 새벽이라 사람이 없을 줄 알았는데, 은근히 많은 사람들이 보인다. 참고로 일본 국내선에서는 신분증 검사가 없어 티켓만 있어도 탈 수 있다. 파일럿의 설명을 들으며 이륙 과정을 구경하고, 창밖 도심 풍경을 바라보며 꼼지락거리다 보니 어느새 나가사키 공항 長崎空港에 도착했다.

공항 안에 딱히 볼 것이 없어 밖으로 나오니 이제야 여행 온 기분이 든다. 공항까지는 열차가 들어오지 않아 버스 혹은 렌터카 여행도 추천한다. 언뜻 보기엔 나가사키도 꽤 한적한가 싶었지만, 막상 와 보니 여느 중견 도시 못지않아 보인다.

드디어 여행의 시작점인 나가사키역에 도착했지만, 큰 문제가 하나 있었다. 뭘 할지 아직 정하지 못했다는 것. 일본 여행에서 뭘 할지 잘 모르겠다면 일단 가까운 역에 가면 된다. 요즘은 어딜 가든 관광 안내센터가 잘 마련되어 있기 때문이다. 관광지나 계절에 따른 안내도 볼 수 있고, 무엇보다 지역별 교통 패스를 판매하고 있어 좋다.

나가사키 노면전차 무제한 이용권 1일권을 600엔에 구매했다. 일단 전차를 타고 시내를 둘러볼 계획이다. 나가사키는 동양인 여행자보다 서양인 여행자 비중이 높아 보이는데, 서양의 영향을 가장 크게 받은 도시라 그런 것 같다.

카스텔라와 포르투갈의 흔적

나가사키의 역사는 일본 개항의 역사이기도 하다. 16세기 어느 날 뜬금없이 포르투갈의 무역선이 한 척 도착했는데, 그곳이 바로 이곳 나가사키였다. 이 포르투갈 무역선에 실린 물건 중 나가사키 주민들을 가장 끌어당긴 것은 다름 아닌 카스텔라였다. 지금이야 흔한 디저트이지만 당시 그 폭신폭신한 달콤함은 가히 충격적인 맛이었다.

1924년 개업한 400년 전통의 카스텔라 가게 후쿠사야 본점 福砂屋本店을 찾았다. 도쿄나 일본 전역의 유명 백화점에서도 만나 볼 수 있지만, 본점은 분명 다를 것이다. 집 앞 스타벅스를 두고 시애틀 본점을 가 보는 것과 같은 마음이다. 카스텔라 하나를 만들기 위해서는 엄청난 양의 설탕이 필요한데, 설탕이 귀한 에도 시대에는 일본의 왕과 장군들을 위한 최고급 디저트였다고 한다.

그때 태어났으면 풀만 뜯어 먹고 살았을 텐데, 요즘 태어나서 다행이라는 생각을 하며 카스텔라를 한 입 베어문다. 생각나는 것은 카스텔라의 친구, 신선한 우유다. 폭신한 카스텔라와 우유의 조합이라니, 비록 길거리에 나앉아 먹고 있지만 에도 시대의 왕이 부럽지 않다.

차이나타운과 짬뽕의 원조를 찾아서

자세히 보니 주변 간판에 한자가 많이 보인다. 차이나타운이 있다는 뜻이다. 나가사키는 일본을 대표하는 개항 도시인 만큼 중국의 영향도 많이 받았다. 나가사키에는 일본의 요코하마橫浜, 고베神戶와 함께 3대 차이나타운이 형성되어 있다. 서양인들에게는 이색적이고 재미있을 수 있겠지만, 인천 차이나타운 보유 국민인 나의 눈에는 크게 감흥이 없다.

그런데도 빠뜨릴 수 없는 것이 있으니, 그것은 바로 나가사키 짬뽕長崎ちゃんぽん이다. 어느새 우리 한국인의 국민 음식이 된 짬뽕은 마치 짜장면과 같이 중국의 전통 음식이 기원인 것 같지만, 놀랍게도 나가사키의 한 식당에서 자체 개발한 음식이었다. 바로 짬뽕의 기원 시카이로四海樓다.

　1899년 식당 시카이로의 주인이 가난한 중국 유학생들을 위해 장사하고 남은 재료를 전부 넣는 메뉴를 개발했는데, 그것이 바로 짬뽕이다. 마치 우리의 부대찌개와 같은 느낌이라 재미있다. 중식당의 맥주를 빼놓을 수 없어 한 잔 들이켜며 짬뽕을 기다리는데, 창밖으로 나가사키의 대형 크루즈가 들어오는 것이 보인다.

　세계 최초 원조 짬뽕이 등장했다. '원조라고 해도 한국식 얼큰한 짬뽕이 최고 아닌가?' 하고 자만하며 한 입 먹었는데, 맛있다. 하긴 메뉴 하나로 빌딩을 올리고 전국에 나가사키 짬뽕을 퍼뜨렸으니, 맛이 없는 것이 불가능하다. 담백하고 푸짐한 진짜 나가사키 짬뽕이 궁금한 사람은 인스턴트 나가사키 짬뽕을 먹는 대신 진짜 나가사키로 여행을 와 보는 것을 추천한다.

서양 문화가 꽃핀 언덕, 글로버 가든

배도 불러오는 김에 진짜 여행을 시작하려고 한다. 나가사키 최대 여행지인 글로버 가든은 グラバー園은 원조 짬뽕집에서 도보 5분이라 금방 도착한다. 언덕길을 오르는데 흔히 알던 일본 상점가와는 느낌이 다르다. 유럽의 관광지를 온 듯한 기분도 든다. 물론 자세히 들여다보면 디테일은 지극히 일본적이지만 말이다.

1863년 스코틀랜드에서 건너온 상인 글로버는 나가사키에 집을 지었는데, 이 집을 중심으로 외국인 주택들을 모아 조성한 곳이 글로버 가든이다. 글로버 본인은 상상이나 했을까? 본인의 집이 세계문화유산이 되고 나가사키 제일의 관광지가 될 줄은 말이다. 테마파크처럼 지도 한 장을 받고 들어섰다. 나가사키에서

방문한 모든 곳에 한국어 팸플릿이 있어 한국 관광객 친화적인 도시라는 생각이 들었다.

이곳은 단순히 오래된 집이 아니라 공간 자체가 박물관 같다. 예를 들어 덩그러니 있는 돌덩이도 메이지 시대 외국인 거주 구역을 구분한 표지석이다. 일본의 근대화를 볼 수 있는 공간들이 빼곡한데, 자료뿐 아니라 각종 시각 장치들을 도입해 지루해지기 쉬운 옛이야기를 쉽게 풀어내는 시도들이 인상적이었다.

언덕길을 올라올 때는 서양 부자들이 왜 이런 데 집을 짓고 살았나 의아했지만, 올라와 보니 그럴 만하다 싶을 정도로 나가사키의 풍경이 아름답다. 이 집 외에도 100년 된 경비실이나 예쁜 꽃길 사이로 많은 주택들이 있는데, 하나하나 들어가 보는 재미가 나름 쏠쏠하다.

1905년 일본에 주둔하던 한 미군 해군 대위가 집과 함께 현지 처녀를 구했는데, 전형적인 양키였던 그는 헌신적인 현지 처녀를 버리고 금발의 아들만 데리고 본국으로 떠났다. 버려진 그녀는 아버지의 유품인 단도로 삶을 마감했다. 이는 세계 3대 오페라 중 하나인 푸치니의 《나비 부인》 줄거리인데, 이 오페라 배경이 이곳 나가사키 그리고 글로버 가든이다. 공원 한쪽에 놓인 가련한 나비 부인 초초상蝶々さん의 동상을 보며 100여 년 전 나가사키의 모습을 머릿속에 그려보았다.

글로버 가든의 하이라이트는 역시 글로버가 살았던 글로버 주택이다. 일본에 현존하는 가장 오래된 목조 양식 주택으로, 단순히 오래된 것만이 아니라 양식 건축에 일본식 기와를 얹었다. 집 안에는 작은 식물원까지 만들어 두어 160년 된 집이라기엔 그 화려함에 눈이 절로 휘둥그레해진다.

데지마섬과 나가사키 원폭

글로버 가든 구경을 마치고 나와 언덕길을 따라 내려오는데, 날씨가 너무 좋아 좀 더 걸어보기로 했다. 한국인이라면 한 번쯤 들어봤을 책 중 《하멜 표류기》라는 책이 있다. 17세기 표류 끝에 도착한 조선에 13년간 억류당한 네덜란드 선원 하멜의 일지다. 조선에서 탈출한 하멜의 원래 목적지가 이곳 '데지마出島'였다.

하멜이 네덜란드를 떠난 17세기 조선과 일본은 둘 다 나라 문을 닫는 쇄국 정책을 썼다. 전 국토를 막은 조선과 다르게 일본은 딱 한 지역의 무역을 허가했다. 바로 나가사키 데지마라는 매우 작은 섬이다. 하멜 일행이 탈출 후 이곳에 머물며 1년간 쓴 책이 하멜 표류기다.

마을 곳곳에는 옛날 유럽에서 건너온 물건들이 많이 보이는데, 쇄국 정책 속에서도 서방과 약간의 무역을 허용해 준 것이 일본 근대화에 큰 도움이 된 것이 아닐까 싶다. 데지마에서 트램 1일권을 사놓고 겨우 딱 한 번 탔는데, 아까워서 지금이라도 열심히 타보기로 했다.

한참을 달려 도착한 곳은 나가사키 평화공원 長崎平和公園이다. 때는 거슬러 올라 제2차 세계대전 중인 1945년 8월 6일. 일본 히로시마에 투하된 미국의 원자폭탄 리틀보이로 16만 명이 사망했다. 그럼에도 일본이 항복하지 않자 8월 9일 한 번 더 투하를 하는데, 목표는 후쿠오카현 고쿠라 小倉였다. 그러나 작전 당일 고쿠라 날씨가 좋지 못해 급히 목적지를 변경해 투하했는데, 그 폭격 지점이 바로 이곳이다. 이 충격으로 일본은 나가사키에 원자폭탄이 떨어진 지 6일 만인 8월 15일, 연합군에 무조건 항복을 선언했다.

평화공원은 원폭 지점에 세워진 곳이다. 하늘을 향한 손은 핵무기의 위험성을, 옆을 향한 손은 평화를 뜻한다. 조용히 한국어

로 쓰인 안내 간판을 읽던 중 눈에 들어온 문구가 있었다. '나가사키 원폭 조선인 희생자 추도비'. 1945년 당시 나가사키에는 징용을 온 한국인 약 2만 명이 살았는데, 원폭으로 인해 그중 1만 명이 당일 희생되었다고 한다. 그 숫자의 무게감과 앞서 다녀간 이들의 자취, 그중 누군가에 의해 깨끗하게 교체되고 있는 태극기의 모습에 잠시 가슴이 먹먹해졌다.

공원 옆에는 자료관도 마련되어 있다. 복도를 따라 2000년대를 지나 5년씩 과거로 가는데, 어느 순간 1945년 8월 9일 나가사키의 모든 시계가 11시 2분에 멈춰 있었다. 자료관은 전반적으로 원폭 후 일어난 끔찍한 참상에 대해 다루고 있었다. 원자폭탄의 폭발을 목격한 생존자들은 나가사키 상공에 두 개의 태양이 떠 있었다고 증언했는데, 상상하기조차 어렵다.

나가사키의 아름다운 야경

그 외에도 다양한 자료를 보고 지상으로 나오는 길, 무거워졌던 마음이 촐랑거리며 뛰어다니는 아이들 모습에 한결 가벼워졌다. 열심히 돌아다녔더니 해질 때까지 남은 시간은 약 두 시간. 세상 제일 무서운 이름의 원자폭탄 자료관을 떠나 이제는 나가사키의 아름다운 모습을 보러 갈 시간이다.

잠시 트램을 타고 가다, 내려서 걸어가야 하는 시점이 왔다. 지금 가는 곳은 일본 3대 야경으로 꼽히는 나가사키를 내다볼 수 있는 전망대다. 꾸역꾸역 걸어 도착한 케이블카 승강장 입구는

누가 봐도 신사 입구 같다. 신사 한편에서 찾아낸 케이블카 승강장에는 전 페라리 자동차 디자이너가 케이블카를 디자인했다는 팸플릿이 놓여 있었다.

야경이 유명한 곳에 해가 지기 전 온 이유는 두 가지가 있다. 첫째는 개인적으로 컴컴한 야경보다 낮 풍경을 좋아하기 때문이고, 둘째는 어차피 야경을 본다면 해가 지는 일몰부터 보고 싶기 때문이다. 하늘을 올려다보고 있자니 그러길 잘했다는 생각이 든다. 역시 흑백만 존재하는 야경보다는 색이 있는 낮이 좋다.

태양은 천천히 저물어 한국의 동해로 넘어간다. 야경을 기다리는 오늘의 일몰 동기들이 말없이 각자의 방식으로 이 순간을 기록한다. 나 또한 나가사키 여행에서 보고 느낀 것을 기록하며 하루를 마무리한다.

연을 사랑하는 일본 마을,
시즈오카 하마마츠

현재 시각은 오전 8시 49분. 평일이라면 출근 준비를 할 시간이지만, 이런 날씨 좋은 주말에는 산책이나 짧은 여행을 떠나는 것이 일본 생활의 소소한 즐거움이라 할 수 있다. 오늘 열차를 타고 떠나볼 곳은 시즈오카현 静岡県 하마마츠 浜松 다.

평소 구글 지도를 보며 노는 취미가 있는데, 굵은 글씨로 강조되어 항상 궁금했던 곳이 바로 이 하마마츠였다. 궁금한 곳은 직접 가봐야 하는 성격인데, 그러고 보니 하마마츠에 가 봤다는 사람은 본 적이 없기에 어째서 구글 지도에 굵은 글씨로 표기되어 있는지 더욱 궁금해졌다. '월급의 절반은 신칸센 등에 쓰는 것 같은데, 일본 관광청에서 표창장이라도 하나 안 주나?' 하는 망상을 하며 열차 여행의 친구인 달걀 샌드위치를 먹어본다.

하마마츠가 속한 시즈오카현은 다른 무엇보다도 일본 제1의 녹차 생산지로 유명하다. 한국의 전남 보성 같은 역할을 하는 곳이다. 봄이라 녹차밭은 아직 휑하니 볼 게 없을 것 같아, 막상 가서 뭘 할지는 열차 안에서 허겁지겁 찾아보았다.

음악과 기업의 도시, 하마마츠

오늘의 목적지, 하마마츠에 도착했다. 하마마츠는 수많은 일본 기업이 태동한 도시다. 오토바이로 유명한 자동차 회사 스즈키スズキ 본사라든지, 세계적인 악기 명가 야마하ヤマハ株式会社 본사도 자리 잡고 있어 '음악의 도시'라고도 불린다. 그래서인지 악기를 들고 다니는 사람이 많은 것은 물론, 역 안에 체험형 음악 스튜디오나 피아노가 설치되어 있어 음악 도시로서의 브랜딩을 잘하고 있음이 느껴졌다.

하마마츠에는 이런 기업들을 중심으로 스즈키 박물관, 야마하 박물관 등이 있지만 개인적인 흥미는 없어서 들리지 않았다. 다만 지방 도시 곳곳에 대기업 본사가 있는 게 조금은 부러웠다. 닌텐도 본사가 오사카나 도쿄가 아닌 창업 시절 그대로 교토에 있는 것처럼 말이다.

처음 와본 하마마츠는 도시의 규모가 생각보다 커서 놀라웠다. 인구수 78만 명이라니, 소도시라 부르기엔 나만 몰랐던 중견

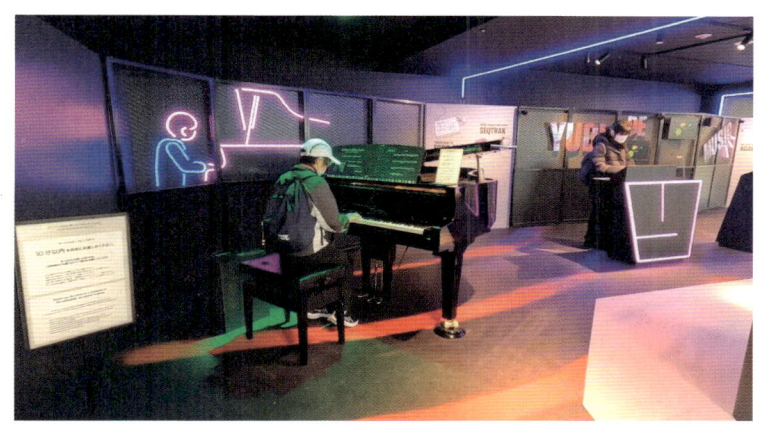

도시였다. 하마마츠 여행은 렌터카로 움직이는 것이 무조건 편하지만, 운전이 귀찮은 나는 오늘도 버스를 이용했다.

개인적으로 지방 도시 버스 여행을 좋아하는데, 도심을 벗어나면 나오는 개방감과 여유로움이 좋기 때문이다. 도착한 곳은 나카타지마 사구 中田島砂丘 정류장이다. 일본에서 모래사구라 하면 흔히 돗토리현 鳥取県을 떠올리는데, 도쿄 근처인 하마마츠에도 모래사구가 있었다. 규모가 작지 않을까 생각했지만, 지도를 봐도 잘 모르겠으니 두 눈으로 확인해 보기로 했다.

사실 그렇게 유명한 곳은 아니라 큰 기대 없이 간 나가타지마 사구. 그런데 왜 이렇게 멋있는지 모르겠다. 넓은 모래 언덕과 이를 배경으로 연습하는 운동부 아이들의 모습이 한편의 청춘

드라마 같았다. 언덕을 오르자 생각지도 못한 풍경이 펼쳐졌는데, 모래 언덕 너머로 태평양이 펼쳐져 마치 두바이 같았다. '언덕 아래 바다까지 가볼까' 생각도 해봤지만, 그냥 보는 것으로 만족하고 다시 돌아가기로 했다.

   그런데 내려가다 하늘을 보니 커다란 연들이 보였다. 연날리기 동호회 같은 건가, 싶었지만 연 하나 당 10여 명이 붙어 있는 걸 보면 연날리기 전문 팀인 것 같았다. 요즘 보기 힘든 연 구경을 실컷 하고 모래사구 구경은 여기서 마무리했다.

연날리기 전통의 발견, 하마마츠 마츠리

 이제 뭘 할지 고민하며 잠시 걸어보는데, 마츠리를 좋아하는 나의 눈길을 사로잡은 간판이 있었다. 바로 하마마츠 마츠리 회관이었다. 하마마츠 마츠리는 매년 5월 3일부터 5일까지 개최되는 것 같은데, 과연 다른 지역의 축제들과는 어떤 차이가 있을까? 그 답을 깨닫기까지는 10초도 걸리지 않았다. 어디를 봐도 연, 연, 연. 하마마츠 마츠리는 '연' 마츠리였다.
 그렇게 갑자기 시작된 일본 연날리기 역사 공부를 통해 이제 거의 일본 연 만들기 전문가가 되었다. 하마마츠 마츠리는 각 지역 마을, 가문 단위로 자신들의 연을 만들어 띄우는 풍습이 있다.

연을 사랑하는 일본 마을, 시즈오카 하마마츠

1500년대 하마마츠 성주가 자식이 태어나자 이름을 적어 하늘로 띄운 것이 기원으로, 지금도 연의 좌측 상단에 가문의 문장을, 우측 상단에 장손의 이름을 적는 전통이 이어지고 있다고 한다. 축제 기간에는 연뿐만 아니라 화려한 가마들의 행렬 같은 볼거리도 많다고 하니, 하마마츠는 어쩌면 꽤 재미있는 도시일지도 모르겠다. 기념품점까지 연으로 가득했지만, 도쿄에서 날리다가는 신고당하기 딱 좋을 것 같아 구매하지는 않고 마츠리 회관을 나섰다.

간잔지 호수에서의 힐링 타임

하마마츠 시내에도 각종 박물관이나 볼거리가 많은 것 같지만, 중간에 내려서 환승까지 하며 가보고 싶은 곳을 찾았다. 1시간 30분 떨어진 '간잔지 観山寺'라는 지역으로, 호수라든지 이것저것 볼거리가 많아 보였다.

도착하고 나니 하루 종일 아무것도 먹지 않았다는 사실이 떠올랐다. 그러고 보니 하마마츠는 장어가 유명하다고 했는데, 과연 한 집 건너 한 집이 장어 가게였다. 그렇다고 줄 서서 먹고 싶지도, 너무 유명한 음식을 먹고 싶지도 않으니 대충 아무 빈 식당에 입장했다. 장어덮밥 가는 곳에 맥주가 빠질 순 없다. 먼저 나온 맥주를 홀짝이다 보니 어느새 장어덮밥이 나왔다. 장어와 밥을 초밥 먹듯 겹쳐 먹어봤는데, 확실히 이 정도면 일본에서 먹어본 장어 중 수준급의 맛이었다.

에너지도 든든하게 충전했겠다, 동네 구경을 시작했다. 우선 바로 옆 호수로 와봤더니 낭만이 가득하다. 호수가 얼마나 넓은지 유람선도 다니는데, 유람선보다 내 눈길을 끄는 건 바로 케이블카였다.

이런 곳에 케이블카가 있었다니, 케이블카 마니아는 참을 수 없어 바로 이동했다. 일본에서 유일하게 호수 위를 가로지르는 케이블카라고 한다. 생각지도 못한 곳에서 보물이라도 발견한 기분인데, 꽤 많은 현지인이 이미 줄을 서 있었다.

티켓을 구매하고 잠시 후 탑승했더니, 뒤늦게 아래가 놀이공원이라는 것을 발견했다. 일본은 1960년에서 1980년대까지 유원지 붐이 불어 국토 전역에 경쟁적으로 놀이동산을 지었는데, 아무래도 그때 그 시절 지어진 시설인 것 같다. 케이블카는 바다 위를 날듯 호수 위를 가로질러 정상에 도착했다. 전망대에 왔으니 우선 밖으로 나가봤는데, 지나가다 들른 모르던 동네의 모르던 전망대라고 하기에는 거의 한려해상국립공원 수준이었다. 매시 정각마다 종으로 연주도 들려주어 사람들이 하나둘 모이기 시작했다.

뜻밖의 보물, 오르골 뮤지엄

실컷 바람 쐬고 실내로 들어가는 길, 케이블카 티켓에 하마나코 오르골 뮤지엄 浜名湖オルゴールミュージアム이 포함되어 있어서 가 보기로 했다. 솔직히 조금도 기대하지 않았지만, 뮤지엄 내부에는 뜬금없이 오르골 공연장이 펼쳐졌다. 20분간의 연주회는 촬영할 수 없었지만, 100여 년 전 스위스 오르골에서 초대형 파이프 오르골까지 귀가 황홀해지는 공연이었다. 공연이 끝나면 직접 체험해 볼 수도 있어서 가족, 커플, 친구 누구와 와도 재미있게 즐길 수 있을 것 같다.

오르골 기념품점이 나를 유혹하긴 하지만, 방치 중인 오르골

이 집에 한가득이라 과감히 지나쳐 호수를 건너 돌아가는 길을 택했다. 무심코 타고 올라갔던 케이블카였지만 재미있는 추억으로 기억에 오래 남을 듯 하다.

해도 곧 질 것 같아 일단 하마마츠 역으로 돌아가려는데, 다들 차를 타고 떠난다. 어디 가서 운전 좋아하는 친구라도 한 명 만들어야겠다고 생각하며 돌아가는 버스에 앉았다.

하마마츠에 와서 이것저것 많이 한 것 같지만, 사실 아직 가장 중요한 걸 하지 않았다. 그건 바로 교자 먹기다. 하마마츠는 우츠노미야宇都宮와 함께 일본 양대 교자 성지로 매년 대규모 교자 축제를 할 정도로 교자에 진심인 곳이다. 버스를 타고 오래 가야 하는 가장 유명한 식당들은 가고 싶지 않고, 여기에 있는 적당한 맛집에 들렀다가 도쿄로 가기로 한다.

오늘의 식당은 원조 하마마츠 교자집이라고도 불리는 이시마츠 교자石松餃子다. 사실 교자는 일본 여기저기에서 많이 먹어 본 터라 '거기서 거기겠지' 싶었는데, 기다리는 동안 창문 너머로 슬쩍 보인 경영이념 '21세기 가장 행복한 교자 컴퍼니'를 보니 조금은 기대되기 시작했다.

주문한 건 하마마츠 교자와 물만두인 수교자다. 하마마츠 교자의 특징은 속이 거의 양배추인 야채소만두에 그걸 또 콩나물에 싸서 먹는다는 건데, 만두는 자고로 고기만두라 생각하는 내 입맛에도 딱 맞았다. 이제 만두는 고기만두가 아닌 양배추 만두의 시대인가, 생각하며 흐뭇하게 가게를 나섰다.

최근까지 어떤 곳인지 잘 몰랐던 도시 하마마츠는 바다를 내려다보는 모래사구, 호수를 가로지르는 케이블카와 유원지, 맛있는 장어와 교자, 세계 유수의 회사들이 공존하는 매력적인 곳이었다. 도쿄로 돌아가는 길, 오늘의 사소한 기억을 곱씹으며 하루를 마무리한다.

연간 700만 명이 찾는 마음의 고향, 미에현 이세신궁

　퇴근 후 집에 돌아와 냉장고에서 맥주 한 캔을 꺼내 하루의 피로를 씻어내는 것이 일상인 정세월드. 쉴 때는 보통 일본 여행 영상들을 틀어두는데, 우연히 발견한 영상 속 장소가 눈길을 끌었다. 바로 미에현 三重県 이세신궁 伊勢神宮이었다. 외국인에게는 유명하지 않지만 일본인이라면 죽기 전 꼭 한 번 가 보고 싶어 하는, 일본에서 가장 신성한 곳이라고 한다. 도대체 무엇이 있기에 전국에서 연간 700만 명이 모여드는지 궁금증을 참을 수 없었다.
　다음날, 칠흑같이 어두운 토요일 새벽 5시 10분. 모두 자고 있을 시간에 나는 여행길에 나섰다. 도쿄에서 신칸센으로 1시간 30분 거리에 있는 나고야를 거쳐 이세신궁까지 간다. 나고야는 그 자체로 매력 있는 관광 도시이면서, 도쿄에서 이세신궁을 갈 때 꼭 거쳐야 하는 관문 도시이기도 하다.

목이 말라 자판기 음료수 하나를 뽑아 들고 5시 30분에 오는 첫 차를 기다렸다. 출근하는 평일 아침 8시는 괴롭지만, 여행하는 주말 아침 5시는 똘망똘망하다. 떠오르는 태양을 보며 열차를 타고 달리다 보니 재미있는 역도 하나 지났다. 세계에서 가장 짧은 이름의 역으로 기네스북에 등재되어 있는 쓰역津駅이다.

붉게 타오르는 새벽 들녘 풍경 속에서 시간은 어느새 아침 7시, 여행하기 딱 좋은 시간이 되었다.

미에현 최대의 관광지, 이세신궁

도착한 곳은 이세시역伊勢市駅. 이세신궁이 있는 미에현 최대의 관광지라 할 수 있다. 이세신궁은 얼핏 들으면 일본의 여느 신사와 비슷할 것 같지만, 일본의 신사는 이세신궁과 나머지로 구분될 정도로 일본에서는 압도적인 권위를 가지고 있다. 크게 보면 이세신궁 외궁과 좀 떨어진 이세신궁 내궁으로 나누어져 있는데, 외궁에서 내궁 순서로 가는 것이 일본의 관례라고 한다.

외궁 앞 순례자 길에는 새벽부터 나온 순례자들을 위한 식당 아소라노차야あそらの茶屋가 있었다. 이세신궁 순례의 2천 년 전통을 이어 아침 죽을 판매하는 곳으로 7시 30분 오픈런은 필수라고 한다. 생각해 보면 한국에서는 죽을 자주 먹었는데, 일본에서

는 10년 만에 처음 먹는 것 같아 괜히 기대되었다. 거창한 상자에서 나온 오늘의 죽 세트. 누구나 상상할 수 있는 평범한 맛이었지만, 새벽 4시부터 공복인 배에 넣기에는 완벽한 메뉴 선정이었다.

일본에는 신궁과 함께 우리가 익히 알고 있는 신사가 있는데, 둘 다 일본의 신을 모시는 곳이라는 건 같지만 차이가 있다. 신사는 모든 신을 대상으로 하는 반면, 신궁은 일본 황실과 관련된 가장 높은 지위의 신들을 모시는 곳이다. 그 신궁 중 가장 높은 지위의 신궁이 일본의 최고신이자 태양신 아마테라스天照*를 모시는 이세신궁으로, 일본 전 국토에서 가장 신성한 장소로 여겨진다.

외궁 내부는 그 명성과 달리 생각보다 너무 소박했는데, 거대한 나무들이 1,500년 된 이곳의 역사를 증명하는 듯했다. 태양신은 내궁에서 모시고, 여기 외궁에서는 곡물의 신을 모신다고 한다. 신기한 것은 바로 이곳을 20년마다 완전 분해해서 옆으로 옮긴다는 것인데, 부동산 건설 예정지처럼 천궁 예정지를 점해 둔 것이 이색적이었다.

---

* 아마테라스 오미카미(天照大神, あまてらすおおみかみ): 일본 신화와 신도(神道)에서 가장 중요한 신 중 하나로, 태양의 여신이자 일본 천황의 조상신으로 여겨진다. 일본 신도 신앙의 중심에 있으며, 신화적으로도 정치적으로도 중요한 존재다. 편집자 주

연간 700만 명이 찾는 마음의 고향, 미에현 이세신궁

이세신궁 내궁과 500년 전통의 상점가

외궁을 나와 이세신궁의 핵심이라는 내궁 지역으로 이동했다. 외궁과 내궁은 버스로 연결되어 있어, 버스를 타고 15분쯤 더 이동해야 했다. 내궁 앞에는 일본에서 가장 오래된 상점가가 있는데, 500년 전 에도 시대부터 순례객이 끊이지 않았던 곳인 만큼 그 규모와 역사가 일본의 여타 참배길을 압도하고 있었다.

이세신궁 하면 빠질 수 없는 것이 바로 이세우동이다. 먼 옛날 순례를 떠난 농민들이 이세신궁에 도착한 뒤 기력을 회복하기 위해 먹었다는 서민 음식으로, 한국으로 치면 주막에서 먹는 국수나 수제비 한 그릇 같은 것이다. 이세우동의 특징은 굉장히 굵은 면에 있다. 샤부샤부처럼 달걀 노른자를 적당히 풀어 먹는 그 맛은 푹 삶은 가래떡을 먹듯 푸짐하고 부드러웠다. 500년간 순례자들의 배를 채워주고 있는 이세우동은 지금도 우동 한 그릇 6천 원에 이세에 오는 모든 이들을 환영하고 있다.

상점가에는 식당 외에도 기념품점이 많이 보이는데, 강아지 쿠키와 강아지 인형이 눈에 띄었다. 오카게이누 おかげ犬, '덕분에 강아지'라는 뜻을 지닌 이 강아지에는 재미난 사연이 있다. 때는 바야흐로 에도 시대, 전 국민이 이세신궁에 참배를 오고 싶어 하던 그 시절, 질병이나 생업으로 이세까지 올 수 없던 사람들이 자신의 강아지를 대신 보내기 시작했다고 한다. 그것이 바로 '네 덕분에 다녀온 걸로 칠 수 있게 됐다'는 오카게이누였다.

걷던 중 발견한 전설의 디저트 가게 아카후쿠 본점 赤福本店은 새벽 5시에 문을 여는 140년 된 가게인데, 미에현에서 가장 유명한 가게이기도 하다. 메뉴는 팥떡 두 개, 따뜻한 차 한 잔으로 단일 메뉴인데, 차는 그냥 차 맛이었지만 140년 전통의 팥떡 맛은 내가 여태 먹어본 팥떡 중 단연코 1위였다. 이세신궁은 모르겠고 팥떡 여행을 와도 좋을 미에현이다.

이세신궁 내궁은 일본 최고 지위를 지닌 것과는 상반되게 굉장히 수수했다. 마치 세계 최고의 부자들이 수수하게 옷을 입고 다니는 것과 같은 맥락이 아닐까 싶었다. '나 이세신궁이야' 한마디로 그 모든 것이 설명되는 것이다. 일본의 태양신 아마테라스를 모시는 공간은 촬영 금지로 담아오지 못했지만, 몇 평 되지 않는 소박한 장소였다.

진주의 고장과 해녀 문화, 토바

이세 구경을 마치고 30분쯤 걸어서 이스즈가와역五十鈴川駅에 도착해 열차를 탔다. 10분쯤 달려서 도착한 곳은 중간 기점인 토바역鳥羽駅이라는 곳이다. 일본인들도 거의 모르는 이곳에 온 이유는 바다가 보이는 이곳이 전 세계에 끼친 영향이 크기 때문이다.

1858년 이곳 미에현 토바시鳥羽市에서 태어난 사람이 있었으니, 훗날 진주의 왕으로 불리게 된 미키모토 코키치御木本幸吉다.

바로 세계 최초로 진주 양식에 성공해 진주의 대중화를 이끈 럭셔리 브랜드 미키모토Minimoto의 그 미키모토이다. 여기 토바에 미키모토 진주섬이라는 박물관이 있어 방문하기로 했다.

1927년 미키모토를 만난 발명가 토머스 에디슨은 자신의 실험실에서 만들지 못한 두 가지가 바로 다이아몬드와 진주였다고 전했다. 이를 통해 당시 진주 양식은 혁신 그 자체였다는 것을 알 수 있다. 평소 진주가 어떻게 만들어지는지 한 번도 궁금한 적이 없던 나지만, 꼼꼼한 자료와 설명을 보고 있자니 진주에 대해 어느 정도는 알 것 같았다.

박물관의 하이라이트는 해녀 체험 구경이었다. 일본 전국에 약 2천 명의 해녀가 남아 있는데, 그중 800명 정도가 이곳 미에현에 있다고 한다. 그야말로 일본 해녀의 고장이다. 이세신궁에

연간 700만 명이 찾는 마음의 고향, 미에현 이세신궁

바치는 전복을 캐는 것이 미에현 해녀들의 주요 업무였다는데, 거센 바닷속으로 거침없이 뛰어드는 모습에 등골이 다 서늘해졌다. 둥근 나무 원통 하나에 생명을 의지하며 일하는 일본의 해녀는 이제 평균 나이 65세에 점차 사라져가는 직업이지만, 이렇게라도 문화를 이어가는 노력이 보기 좋았다.

무사의 도시와 최고급 소고기, 마츠사카

토바에서 30분가량 달려서 도착한 곳은 미에현의 소도시 마츠사카松阪다. 과거 상업 교통 중심지로 크게 번영했던 도시이지만, 이곳도 인구 감소와 중소 도시의 쇠락을 피해 갈 수는 없었는지 한때 번잡했을 역 앞 상점가가 을씨년스럽기까지 했다. 사거리에 운영 중인 몇 안 되는 대형 매장이 다른 곳도 아닌 보청기 센터라니, 우리 한국 소도시의 30년 뒤 모습도 이렇겠다는 생각이 들어 여행자인 나의 마음도 그렇게 편하지가 않았다.

그럼에도 불구하고 마츠사카까지 온 이유가 있는데, 그중 하나는 정갈하고 오래된 골목길 산책 때문이었다. 무사들이 모여 살던 동네를 직접 걸어보고 싶었다. 이 길을 따라 있는 집에 과거 마츠사카성을 지키던 무사들이 모여 살았다고 한다. 지금은 대부분 가정집이라 내부 구경을 못해 아쉬웠던 찰나, 공개 중인 집을 발견해 200년 전 일본 무사들의 라이프 스타일을 엿볼 수 있었다.

이들이 지키던 바로 옆 마츠사카 성터에도 가 보았다. 성터라는 것은 성은 소실되고 없다는 뜻이다. 성벽의 규모를 보면 당시 성의 규모는 상당히 컸을 것으로 보인다. 이 자리에 있던 마츠사카성이 일본 100대 명성 중 하나인 만큼 아직 남아 있었으면 지방 소멸이 아닌 관광 도시 마츠사카가 될 수 있었을 텐데 아쉬울 따름이다.

무사 마을과 성터도 좋지만 사실 마츠사카에 온 가장 큰 이유가 따로 있었다. 그것은 바로 마츠사카성보다 훨씬 유명한 마츠사카규 松阪牛, 즉 소고기 때문이었다. 한국과 외국에서는 고베 소고기만 유명하지만 일본에서는 고베규와 마츠사카규가 라이벌이자 양대 산맥이다. 나의 진짜 목적은 마츠사카에서 마츠사카규 먹기였고, 목적지는 바로 식당 와다킨 和田金이었다.

일본 전체에서 마츠사카규가 가장 맛있다는 전설의 식당인데, 문제는 1인 손님은 안 받는다는 후기가 많다는 것이었다. 여기까지 와서 그냥 갈 순 없어 문의를 해봤다. 리뷰와 다르게 한 명도 괜찮다고 해서 좋기는 했지만, 식당인지 호텔인지 알 수 없는 웅장한 실내에 괜히 움츠러들었다. 메뉴를 보니 평소 먹는 가격대에 한 자릿수가 더 붙은 기분이었지만, 한국인 대표 여행자로서 여기서 도망칠 순 없다는 생각에 식사를 주문했다.

움츠러들었던 것도 잠시, 맥주 한 잔을 먼저 마시자 곧 내

집처럼 편안해졌다. 고기 자체를 즐기기 위해 스테이크를 주문하고 샐러드를 먹고 있으니 굽기 전에 구경도 시켜주었다. 등장한 마츠사카규 스테이크는 3만 원짜리 스테이크도 맛있는 나에게 '바로 이 맛이야' 정도는 모르겠지만, 최근 10년 내 먹은 고기 중에서는 최고의 맛이었다.

새벽 4시에 일어나 시작한 이번 미에현 여행. 떠나온 계기는 이세신궁에 대한 호기심이었지만 많은 것을 보고, 먹고, 또 걸어보니, 일본과 일본인들을 조금 더 이해할 수 있게 된 여행이었다. 일본에서 태양신은 어찌 보면 우리의 단군 할아버지처럼 신화 같은 존재일 텐데, 지금까지 일본인들 정신의 근간이 되고 있다니 나는 어쩌면 일본에 대해 아는 게 별로 없을지도 모르겠다.

관광산업에 올인한 소도시,
후쿠이 공룡 왕국

　평소 주말이면 아침 10시까지 자는 게으름뱅이지만, 여행을 떠날 때만큼은 예외다. 바쁜 현대 사회에서 짧은 주말을 100% 활용하려면 일찍 출발하는 것이 최선이다. 새벽 4시 알람 소리에 눈을 뜰 때는 세상에서 가장 괴롭고 비참하지만, 일단 밖으로 나와 찬 공기를 맞으며 걷는 도쿄 거리는 그 나름의 느낌이 있다. 도쿄에 살면서 틈틈이 일본 47개 지역을 모두 가보려 하는데, 그중 궁금했지만 교통편이 애매해 가 보지 못했던 후쿠이현 福井県 에 희소식이 있었다. 바로 도쿄에서 한 번에 가는 열차가 개통되었다는 것이다.

　도쿄역에서 3시간 반을 달린 신칸센이 도착한 후쿠이는 일본 호쿠리쿠 지역의 거점 도시답게 생각했던 것보다 규모가 컸다.

 관광 안내센터에 들러보니 일본의 여느 소도시처럼 후쿠이 또한 관광 활성화에 필사적인 느낌이었다.
 한국에서는 잘 알려지지 않았지만, 일본인이라면 전 국민이 아는 후쿠이의 특산물은 바로 공룡이다. 일본 지방 정부들은 모든 역량을 집중해서 미는 테마가 하나씩 있는데, 후쿠이의 경우 바로 공룡이다. 민관이 힘을 합쳐 공룡에 모든 역량을 집중한 결과, 어디까지 할 수 있는지 그 끝을 알 수 있는 곳이었다.
 역에서 나가기 전부터 공룡 일변도인 이곳은 "일본 정부 공식 공룡 왕국 후쿠이에 오신 여러분, 환영합니다"라는 메시지로 방문객을 맞이했다.

도시 전체가 테마파크인 공룡 도시

누가 일본 행정은 유연성이 떨어진다고 했을까? 도시를 테마파크로 만들자는 계획은 정말로 실행되고 있었다. 후쿠이 곳곳에 공룡이 있어 아이들에게는 오사카나 도쿄보다 재미있는 도시가 아닐까 싶었다. 버스 정류장의 터치식 전광판까지도 노선 안내는 하지 않고 공룡 명소를 소개하고 있을 정도였다. 이 정도로 공룡에 진심인 후쿠이의 모습은 대단하면서도 한편으로는 과하다는 생각도 들었다.

하지만 이것은 겨우 시작에 불과했다. 후쿠이에서 꼭 체험하고 싶었던 것은 신감각 체험 버스인 '와우 라이드'였다. 55분 동안 이동하는 3,300엔짜리 버스로, 이동하면서 모험을 즐기는 체험형 버스다. 특징이라면 창문을 없애고 전부 스크린을 달아놓은 것이다. 버스에 외국인은 나밖에 없는 것 같았지만, 한국어, 영어, 중국어도 지원하는 것을 보니 해외 관광객 유치에 진심인 후쿠이의 의지를 느낄 수 있었다. 모니터로 버스 옆과 앞이 나와 답답하지 않았고, 인디아나존스 같은 AI 운전기사가 후쿠이의 역사나 공룡을 소개해 주며 퀴즈쇼도 진행했다.

갑자기 긴급 속보로 빌런 과학자가 후쿠이 화석들을 전부 부화시켜서 도시 여기저기에 공룡들이 출몰했다는 설정으로, 과학자를 막고 공룡을 회수하러 떠나는 여행이 시작되었다. 타임머신을

타고 과거로 돌아가 에도 시대의 길을 거닐기도 하고, 원시시대로 가서 밤하늘의 별을 보다가 원시인들에게 둘러싸여 공격받기도 했다. 공격하던 익룡과는 나중에 친해져서 함께 하늘을 날아보기도 하고, 바다에 빠져 해저 탐험을 하기도 했다. 생각보다 구성이 알차 55분이 금방 지나갔다.

세계 3대 공룡 박물관의 놀라운 이야기

와우 라이드가 도착한 곳은 후쿠이 제1의 명소인 세계 3대 공룡 박물관, 후쿠이 현립 공룡 박물관 福井県立恐竜博物館이었다. 이곳에는 놀라운 이야기가 숨어 있었다.

1986년 어느 날 한 여고생이 우연히 화석 하나를 주웠는데, 그 화석이 바로 공룡 이빨 화석이었다. 이를 시작으로 주변에서 엄청난 종과 수의 공룡 화석들이 발견되었고, 이를 기점으로 일본은 공룡 불모지에서 세계적인 공룡 연구의 중심지로 떠올랐다. 그리하여 공룡과 전혀 관련 없던 후쿠이가 겨우 40년 후인 오늘 공룡 왕국이 되어 있는 것이다.

공룡 하나로 전국의 일본인들뿐만 아니라 전 세계의 공룡 팬들의 성지 순례 장소를 만들어낸 것을 보니, 일본이 관광 상품을 만드는 것은 정말 잘하는 것 같다. 박물관이지만 테마파크 같은 규모와 전시 방식 덕에, 공룡에 관심이 없던 나도 재미있게 구경할 수 있었다. 특히 연구실 일부를 관람객에게도 공개하고 있어서 화석 청소 작업 등을 눈앞에서 볼 수 있어 흥미로웠다. 그중 가장 놀라웠던 것은 후쿠이 현립 대학에 공룡 전공이 신설되었다는 사실이었다. 학부 소개 코너까지 만들어둔 것을 보니 정말 진심인 것 같았다.

후쿠이에서는 새로운 공룡 6종도 발견되었는데, 그 이름도 후쿠이사우루스, 후쿠이랩터 등이다. 이름에서부터 후쿠이의 자부심이 느껴졌다. 가장 빠져들었던 곳은 마지막 특별 전시장이었다. 공간을 둘러싸고 압도하는 규모의 영상이 VR 고글을 낀 듯 현실적이어서, 여태 본 어느 미디어 아트들을 능가하는 환상적인 기분이 들었다.

지역 특색으로 승부하는 관광 전략의 성공

후쿠이를 대표하는 음식 중 가장 유명한 것은 유로파켄 ユーロパ軒의 카츠동 カツ丼이다. 한국 사람들도 좋아하는 카츠동의 기원에는 두 가지 설이 있다. 그중 하나는 요리사 마스타로 マスターロー가

1913년 독일 요리 유학을 마치고 돌아와 도쿄 와세다 대학 앞에서 독일의 커틀릿을 밥 위에 올려 팔기 시작했다는 것이다.

10년 후인 1924년 마스타로가 고향인 후쿠이에 돌아와 돈가스 덮밥집을 열었으니, 그것이 바로 이곳 유로파켄의 총본점이다. 소스를 잔뜩 뿌려 소스카츠동이라 불리는 그 맛은 새롭고 특별한 맛은 아니었지만, 100년 전 레시피가 느껴져, 도쿄에 돌아가면 다시 한 번쯤 생각날 따스한 맛이었다.

후쿠이는 인구 25만 정도의 도시로, 주말인데도 번화가가 한산한 것을 보니 인구 감소 문제가 심각해 보였다. 하지만 이런 상황에서도 후쿠이는 공룡이라는 하나의 테마로 전국적인 관광 명소로 자리 잡았다.

공룡에서 시작해 공룡을 거쳐 공룡으로 끝나는 후쿠이 여행이

관광산업에 올인한 소도시, 후쿠이 공룡 왕국

었지만, 그 어떤 곳보다 강한 지역 특색이 마음에 들었다. 우리나라도 어디 가서 빠지지 않는 세계적인 공룡의 나라인 만큼, 후쿠이 못지않은 고성, 해남, 화성이 될 수 있을 것으로 생각한다.

1986년 한 여고생이 우연히 주운 화석 하나가 40년 후 한 도시 전체를 바꿔놓았다. 공룡과 전혀 관련 없던 후쿠이가 오늘날 일본 정부 공식 공룡 왕국이 되기까지의 과정은 관광산업에 올인한 소도시가 어떤 결과를 만들어낼 수 있는지 보여주는 성공 사례였다.

배가 빵빵하자 세상이 아름다워 보이는 것을 보니, 인간이나 공룡이나 결국 다 먹고 사는 것이 중요한 것 같다. 공룡이 주는 매력도 있었지만, 한 가지 특색으로 도시 전체를 브랜딩한 후쿠이의 전략이 인상적이었던 여행이었다.

한여름 교토의
재발견

    도쿄 직장인의 금요일 저녁, 정신없이 일을 하다 보니 어느덧 깜깜한 저녁 시간이 되었다. 생각해 보니 이번 여름은 여행 한 번 못 가고 그냥 지나가고 있었다. 그런 나 자신을 반성하며 지금 당장 짧은 여행을 떠나보기로 했다.

    패션에 별로 관심이 없는 만큼 옷은 대충 선택하고, 여행 짐 싸기는 3분 만에 완료. 마지막으로 페트병 급수기만 연결하면 우리 집 반려나무까지 굶을 일 없으니 이대로 1년 세계 일주를 떠나도 문제없을 것 같다.

    정든 집과 인사를 하고 나니, 저녁 8시. 누군가는 퇴근을, 누군가는 한 잔 마시러 가는 금요일 저녁이지만 놀러 가는 신칸센 티켓을 사러 온 내가 바로 승자다. 오늘 갈 곳은 바로 교토京都인데,

가도 가도 좋은 곳이지만 코로나19가 한창일 때 가 본 후로 다시 가 본 적이 없어서 지금은 또 어떻게 바뀌었나 구경 가 볼 생각이다.

집 앞에서 열차를 타고 집에서 가장 가까운 신칸센역인 시나가와역에 도착했지만, 이때는 몰랐다. 잠시 뒤 그런 끔찍한 일이 벌어질 줄은. 시나가와역은 하루 이용객 70만 명에 달하는 초대형 역인데, 각종 상업시설도 많이 들어와 있어서 열차에서 저녁으로 먹을 만한 다양한 먹거리와 도시락을 판다.

그런데 금요일이라 그런지 유난히 붐비는 것 같았다. 원인은 바로 몇 시간 전에 일어난 지진으로 현재 모든 신칸센 열차가 멈춰 있다는 것이었다. 이미 내가 예약한 시간은 지나버렸고, 그것은 기약 없는 기다림이었다. 여행을 떠나는 설렘으로 가득 찼던 곳이 한순간에 걱정, 근심 가득한 공간이 되다니. 다시 한번 자연재해의 무서움을 몸에 새겨보았다. 사람이 몰리니 인터넷도 불통이 되어 그냥 집에 돌아가야 하나 고민 중인 찰나, 다행히 운행은 재개됐다. 하지만 이미 모든 예약과 배차는 엉망진창이었고, 아무 열차나 입석으로 올라타라는 안내 방송에 아무 열차나 올라탔다. 기차 한편에서 발견한 대형 수화물 칸이 오늘 내 자리였는데, 여행 가는 길이 참 험난했다. 그래도 야무지게 도시락도 먹으며 새벽 1시가 넘어 도착한 곳은 일본의 천년고도 교토였다.

새벽 오픈런으로 즐기는 청수사

새벽 6시, 다음날이 밝았다. 쪽잠을 자고 일어나 아직 정신이 좀 몽롱하지만, 일단 나가보려 한다. 에코백에 지갑, 이어폰, 그리고 충전기면 하루 종일 놀 준비 끝이다.

교토는 코로나19 이후 전 세계 여행자들로 아시아 제1의 오버투어리즘 도시가 되어버렸다. 이런 교토를 여행하는 나의 키워드는 바로 오픈런이다. 다른 여행객들이 자는 동안 여행을 끝내버리는 방법인데, 이 방법으로 여행하면 한적한 교토를 만끽할 수 있다. 예정보다 늦게 나와버려서 일단 택시를 타보았는데, 텅 빈 교토 거리를 달리니 기분이 좋았다.

첫 번째 목적지는 교토에 오면 항상 들리는 청수사 淸水寺다. 경주의 불국사처럼 교토를 대표하는 관광지다. 특히 유명한 것은 절 앞에 이어진 언덕길로, 수백수천 년 된 교토의 정취를 느낄 수 있다. 하지만 몇 시간 뒤엔 관광객들로 북적일 예정이라, 양옆에 늘어선 가게 구경을 안 해도 괜찮다면 무조건 빨리 오는 게 정답이 아닐까 싶다.

그 외에도 한여름 새벽 교토 여행에는 매우 큰 장점이 있다. 아직 25도 전후로 선선한 이른 아침이지만, 오전 11시만 돼도 36도의 해가 정수리 위에 있을 것이니 일찍 떠날수록 여유로움과 시원함을 모두 잡을 수 있다.

'성스러운 물'이라는 뜻의 이곳 청수사는 778년 세워져, 무려 1,200년이 넘는 역사를 자랑한다. 절의 본존인 천수관음상千手觀音像은 33년에 한 번만 공개되어 오늘은 볼 수 없지만, 그보다 유명한 것이 바로 부타이舞台다. 부타이는 부처님께 바치는 춤과 노래를 올리던, 말 그대로 무대였던 곳이다. 이 위에서 바라보는 풍경도 아름답지만 건너편으로 넘어와 부타이를 함께 바라보는 풍경은 교토 그 자체를 대표해 수많은 만화와 영화의 배경이 되기도 한다.

일본 최고의 절 중 하나답게 내부도 꽤 넓은데, 녹음 속을 산책하니 기분이 절로 좋아진다. 마시면 복이 온다는 물줄기에도 들러 본다. 그 옛날 못 하나 쓰지 않고 만든 이렇게 큰 건축물이 천년이 지난 지금까지 견뎌오고 있다니, 다시 한번 감탄하며 청수사 아침 구경을 마쳤다. 비록 가게들은 아직 닫혀 있는 시간이지만, 나는 적막한 이 시간의 교토가 좋다.

교토 커피 문화의 발견

몇 시간은 기다려야 한다는 스타벅스도 한산함 그 자체이지만, 교토까지 와서 스타벅스를 마실 수는 없는 법이다. 교토 하면 보통 일본의 전통이 떠오르지만, 사실 교토는 일본 제1의 커피의 도시이기도 하다. 에도 시대, 서구에서 들어온 커피는 교토 시민들을 사로잡았다. 그 이래 1930년대부터 생긴 카페들이 아직 성업 중이라니, 교토는 일본의 역사이자 일본 커피의 역사이기도 한 것 같다.

수많은 유명한 카페들이 있지만 배가 고파 멀리는 못 갈 것 같고, 걸어서 갈 만한 근처 카페로 이동했다. 1971년 오픈한 마메야 커피 まめやコーヒー의 한 지점인데, 부지런한 교토 시민들로 가게는 이미 거의 만석이었다. 메뉴가 다양하니 고르는 재미가 있었다.

음식을 기다리니 교토식 모닝 세트가 등장했다. 토스트, 샐러드, 소시지, 베이컨, 커피 한 잔, 오렌지 주스 한 잔 다 합쳐 1,500엔도 하지 않다니. 오늘부터 교토 여행 숙소 예약 시 아침 식사는 포함하지 않는 것으로 하자.

여유롭게 밥을 먹고 나오니 어느덧 햇볕이 굉장히 뜨거워졌다. 한여름의 교토 여행은 부모님의 원수에게 추천하면 딱일 정도로 극악의 더위와 습도와 짜증을 자랑한다. 편안한 여행을 지향하는 사람으로서 아스팔트 가득한 교토의 열기를 피해 교토의 끝으로 피서를 떠날 예정이다.

기후네에서 보내는 여름 피서

버스를 타고 한참 가다 승객도 직원도 안 보이는 열차 플랫폼에 도착했다. 기다리다 보니 두 칸짜리 귀여운 열차가 들어왔다.

도봉산행 열차처럼 등산객을 가득 채우고 교토를 떠난 열차는 점점 산으로 들어가기 시작했다. 목적지는 바로 교토 기후네貴船다. 이곳엔 기후네 신사라고 하는 유명한 신사도 있지만, 그보다 가장 큰 목적은 바로 이곳이 교토 서민들의 여름 피서지이기 때문이다. 기부네구치역貴船口駅에 도착하니 역 입구부터 보이는 녹음 속 계곡에 벌써 시원한 바람이 불어온다. 여기서 계곡 입구까지는 버스를 한 번 더 타야 한다.

  10여 분을 더 달려 도착한 기후네 신사 입구에는 한국인에게도 친숙한 계곡 식당이 마련되어 있다. 물론 한국처럼 백숙은 없고 대부분 일식 정식집인데, 보통 1인당 한국 돈으로 10만 원 전후인 걸 보니 일본의 피서지 물가도 만만치 않은 것 같다.

사실 이곳에서 가장 유명한 식당은 따로 있다. 일본에서 가장 유명한 나가시소멘流しそうめん 집 중 하나인 히로분ひろ文이다. 나가시소멘은 흐르는 면을 잡아서 먹는 일본의 전통 음식이자 문화인데, 오픈 1시간 30분 전에 도착했지만 교토에서 가장 유명한 가게인 만큼 벌써 줄의 길이가 대단했다.

주문과 계산을 먼저 하고 부채 겸 번호표를 받아 들고 대기실로 갔다. 대기실 자체가 넓고 시원하다 보니 어디 카페에 온 듯 하나도 지겹지가 않다. 거기다 오후엔 4~5시간 대기가 기본이라니, 역시 오픈 전에 오는 게 정답이다.

그리고 드디어 기다리고 기다리던 나의 차례가 왔다. 팀별로 전용 레일을 지정해 줘서 섞일 일이 없다. 가장 바깥쪽이 전부 우리 것인 것 같으니, 매의 눈으로 보고 있다가 전부 받아먹도록 하자. 올해 가장 긴장되는 순간, 빠르게 소면이 흘러 내려온다. 나가시소멘은 처음이라 살짝 긴장했지만 그렇게 어렵지는 않았다. 맛 자체는 생각보다 평범해서 별다른 감동은 없었지만, 이 순간 이 재미 자체가 특별하니 한 번쯤은 경험해 보면 좋다. 옆 서양 친구들이 놓치는 소면까지 계속 받아먹다 보니 2인분은 먹은 것 같다. 배가 빵빵해질 때쯤 디저트와 함께 오늘의 나가시소멘 식사 체험은 끝났다. 가게를 나오며 아까보다 두 배는 더 길어진 줄을 흐뭇하게 바라보다 소화도 할 겸 산책을 했다. 계곡으로 내려가는 길, 음료수 한 잔을 사서 카페 안으로 들어가 보았다.

지정받은 자리에 앉아 발을 담그고 녹차라떼 한 잔 들이켜는 것. 이게 바로 도쿄 사람들은 모르는, 교토인들의 피서법이리라. 살짝 맺혔던 땀도 식히고 어느 정도 소화도 됐다 싶으면 이제는

또 떠나야 할 시간이다.

교토 기후네까지 왔으니 이곳을 대표하는 기후네 신사에 가볼까 한다. 한참 점심시간이다 보니 아까는 비었던 계곡 식당들이 북적이기 시작했다.

기후네 신사에 도착했다. 빨간 도리이를 지나 기후네 신사 하면 생각나는 예쁜 언덕길을 올라야 한다. 이 길의 끝은 다른 세상과 이어지지 않을까 싶은 기분이 드는 황홀한 언덕이었다. 기후네 신사는 물의 신을 모시는 신사이다. 정확한 창립 연도는 알 수 없지만 무려 1,300년 전의 자료에 신사의 수리 기록이 남아 있는 데다 전국에 있는 450개 신사의 총본산이 바로 여기라니, 역시 교토는 어디를 가도 천 년은 기본이구나 싶었다.

천 년의 역사가 살아있는 곳, 우지

기후네는 충분히 즐긴 것 같아서 다시 교토 시내로 돌아가 다른 곳으로 이동하려 한다. 열차역에서 떠나기 전 마지막으로 산들바람을 느껴본다. 열차를 타고 종점에 내려 또 지하철로 갈아타고, 한참을 달리고 또 달려서 도착한 곳은 교토 남부에 있는 우지 宇治라는 곳이다. 아직 한국에서는 유명하지 않지만 꼭 한번 여름에 와보고 싶었던 곳이었다.

바로 먼저 달려간 곳은 우지 다리 宇治橋 옆에 있는 세계 최초의 찻집 엠 通圓茶屋이다. 1160년 개업해 현재까지 천 년 넘게 운영 중인 찻집으로, 1861년 출간된 책에 지금 모습이 그대로 담겨 있다. 그 시절 단골로는 도요토미 히데요시 豊臣秀吉, 도쿠가와 이에야스 德川家康가 있다고 하니, 이 정도면 찻집계의 고조 할아버지인 셈이다.

찻집 내부 또한 거의 박물관이었다. 선승 이큐 禅僧一休宗純가 선물한 조각상이나, 도요토미 히데요시가 오사카성에서 티타임 하는 물을 길던 두레박 등이 전시되어 있다. 배는 그렇게 고프지 않아 가벼운 말차와 아이스크림 모나카 세트를 주문했다. 일본의 근본 찻집인 만큼 아이스크림도 그렇고 말차도 진하기 그지없으니, 우지까지 오신 분은 꼭 들러보시길 바란다.

딱히 목적지는 없어 그냥 동네를 걷는데, 관광객으로 넘치는

교토 바로 옆에 이런 여유로운 동네가 있다니 왜 이제서야 와봤을까 싶다. 이 동네에 특이한 곳이 또 있다고 해서 가보는 길. 바로 우지 신사다. 일본에서 신사가 특이할 수 있을까 싶지만, 이곳이 공식적인 일본 최초의 신사라면 이야기가 달라지는 법이다.

일본에는 현재 8만 개 이상의 신사가 있다고 하는데, 8세기경 세워진 이곳이 현존하는 신사 중 가장 오래됐다고 전해진다. 독특한 스타일의 이 신사를 보기 위한 발길이 전국 각지에서 끊이지 않는다. 신사 자체는 작고 아담해서 쓱 둘러보고 나왔다.

사실 우지는 지금부터 시작이라고 말할 수 있다. 지금 우지 제일의 여행지, 묘도인平等院으로 가는 길이기 때문이다. 묘도인은 들어본 적은 없어도 대부분 본 적은 있을 것이다. 바로 10엔짜리 동전에서 말이다. 일본인이 가장 많이 쓰는 동전 앞면에 넣을 정도의 절이라니, 이곳은 또 어떤 매력이 있을지 기대를 안고 들어가 본다.

묘도인은 1052년에 지어져 천 년 이상 원형을 유지하고 있는 일본 불교 건축의 정수라고 불리는 곳이다. 10엔짜리뿐만 아니라 지붕 끝에 있는 봉황은 일본 최고 권인 만 엔 지폐의 주인공이기도 하니, 이곳 묘도인이 일본에서 가지는 상징성은 엄청난 것 같다. 거기다 촬영을 할 수 없는 내부 박물관은 한 점 건너 한 점이 일본의 국보일 만큼 말 그대로 우지 여행의 꽃으로 부족함이 없는 곳이었다.

불교가 번성하던 일본 헤이안 시대, 어린아이들 사이에서 유행하던 노래가 있었으니, 바로 "극락정토의 세상이 의심된다면 묘도인을 가보세요"였다고 한다.

여름밤의 특별한 경험, 우카이

극락정토에서 현실로 돌아오는 길. 사실 오늘 우지에서 들린 모든 곳은 여름이 아니어도 좋은 곳인데, 여름 저녁에만 볼 수 있는 진귀한 광경도 있다. '우카이 鵜飼'라는, 한국어로는 가마우지 낚시다. 가마우지 낚시는 훈련된 물새인 가마우지가 물속으로 뛰어들어 생선을 사냥하면, 어부가 이를 회수하는 전통적인 낚시 방식이다.

   가마우지 낚시를 볼 수 있는 곳은 일본에 별로 남지 않았는데, 이곳 우지의 우카이는 971년 시작되어 천 년 넘게 명맥을 이어오고 있다. 그리고 매년 여름 3개월 동안 하루 한 번 관광객들에게 그 모습을 공개한다. 투어는 배를 타고 가고 어른 기준 1인 2,300엔이다.

   출항 1시간 30분 전에 미리 와서 티켓을 구입한 뒤 가마우지 구경도 하고, 남은 시간에 매미 잡는 걸 보고 있다 보니 슬슬 배가 고파 온다. 골목골목 귀여운 카페나 식당도 많이 보이지만 오늘 나의 선택은 오리고기 햄버거집이다. 햄버거도 맛있고, 오리도 맛있는데 오리 햄버거는 얼마나 맛있을까 기대됐지만, 비주얼과 다르게 실패였다. 내 입맛에 맞는 햄버거는 역시 돼지고기나 소고기인 것 같다.

   가마우지 낚시는 보통 밤에 이루어지는데, 이는 강한 불빛으로 물속 은어들을 놀라게 하면 움직임이 커져, 사냥하기 쉽기 때문이라 한다. 배는 좁고 긴 형태의 보트인데, 30~40분 구경하기에 이 정도면 충분하지 싶다. 어느 정도 이동했을까. 닻을 내리고 기다리고 있으니 서서히 무림 고수처럼 우쇼鵜匠가 등장했다. 우쇼는 가마우지 낚시를 하는 사람을 뜻하는데, 전통적으로 남성이 대부분이다. 지금 눈앞에 등장한 여성 우쇼는 전국적으로 몇 명 없다 한다.

낚시를 하기 전, 우쇼가 우카이의 역사를 비롯한 다양한 이야기를 들려주는데, 점점 어두워지는 하늘과 대비되는 불덩어리가 현실감 없이 느껴졌다. 그렇게 시작된 은어 사냥. 강한 불빛에 놀란 은어를 가마우지가 잡으면 삼키지 못하고 가마우지 목에 걸리게 되는데, 그런 가마우지를 데려와서 은어를 빼내면 은어 낚시 성공이다.

누군가는 가마우지를 불쌍하게 생각할 것이고, 누군가는 불덩어리를 마주하고 일하는 우쇼를 안쓰러워 하겠지만, 이를 보는 나로서는 NHK 다큐멘터리 속 가운데 앉아 있는 것 같았다. 넋을 잃고 그 광경을 바라만 볼 뿐 어떤 생각도 나지 않았다. 그저 천 년 넘게 이런 문화가 이어지고 있다는 것 자체가 놀라울 뿐이다. 가마우지도, 우쇼도, 하물며 은어들도 모두 행복하길 바라며 신통방통 우카이 구경은 여기서 끝이 났다.

구경을 마치고 다시 교토 시내로 가는 열차를 타러 가는 길, 덥디 더운 일본의 여름. 누군가는 여름 교토 여행은 자살 행위라 하지만 나는 오늘 여행을 끝내며 생각했다. 여름 여행도 어떻게 하느냐에 따라 달라진다고.

새벽 오픈런으로 시작해 시원한 산속 피서지 기후네를 거쳐, 천 년의 역사가 살아있는 우지에서 여름에만 할 수 있는 경험까지. 한여름 교토도 충분히 매력적인 여행지가 될 수 있다는 것을 깨달았다. 부모님의 원수에게 추천한다던 여름 교토 여행이지만, 조금만 지혜롭게 계획한다면 오히려 더욱 특별한 추억을 만들 수 있는 시간이 될 것이다.

아시아 제일의 바다,
이시가키 잠금 해제

아직 추위가 가시지 않은 2월, 한겨울 도쿄에서 따뜻한 날씨를 찾아 이시가키石垣에 왔다. 이곳은 오키나와沖縄보다 타이베이臺北가 더 가까운 일본의 남국이라 불리는 곳이다. 사시사철 따뜻한 기후로 세계 최고의 리조트들이 모여 있다.

이시가키는 한국에서 유명하지 않아 작은 섬이라 생각하기 쉽지만, 거주민만 5만 명에 달할 정도의 웬만한 소도시 수준이다. 특히 놀라운 것은 연간 관광객이 150만 명에 달하는 일본 최고의 휴양지라는 점이다. 오늘도 모두가 아직 자고 있을 아침에 이시가키 여행을 시작했다.

이시가키를 여행하는 가장 좋은 수단은 역시 렌터카지만, 걷는 것을 더 좋아하는 나는 버스와 두 다리로 여행을 해보기로 했다. 이시가키 버스 여행의 기본은 2,000엔짜리 5일 이용권과 버스 시간표 1장. 이로써 만반의 준비 끝이다.

이시가키의 겨울 기온은 대략 20도 전후로, 얇은 맨투맨 하나면 딱 좋을 날씨였다. 호텔이 있는 시내를 벗어나기 위해 버스 정류장에 왔는데, 버스로 섬 전역을 갈 수 있다고는 하지만 대부분 버스 간격이 길어서 계획 없이 다녔다간 몇 시간을 버스 정류장에 서 있기 십상이다.

버스는 이시가키 시내를 벗어난 지 얼마 되지 않아 인적 드문 숲과 간간이 보이는 고급 리조트들, 그리고 아름다운 바다 풍경을 지나쳤다. 그 풍경을 구경하는 재미에 역시 렌터카보다 버스 여행을 택하길 잘했다는 생각이 들었다.

야이마무라에서 만나는 오키나와 전통문화

내가 선택한 이시가키 첫 여행지는 야이마무라やいま村다. 이시가키를 포함한 오키나와현은 일본 본섬과 멀리 떨어진 지리적 위치로 류큐 왕국琉球王国을 중심으로 하는 독립된 전통과 문화를 가지고 있다. 이곳 야이마무라는 그 시절의 생활을 볼 수 있는 민속촌 같은 곳이다.

섬 어디든 있는 열대나무들을 보고 있자니 마치 동남아시아나 대만 여행을 온 듯한 기분이 든다. 한겨울, 하나의 나라에 영하

20도와 영상 20도가 공존한다는 것, 땅이 큰 일본 여행의 매력이라는 생각이 들었다.

오픈런은 아니지만 입구부터 어쩐지 한가해, 한적하고 소박한 것을 좋아하는 나로서는 벌써 만족스러웠다. 나무 사이를 걷다 보면 오키나와현 전통 가옥들이 하나씩 나타나는데, 이곳 민속촌을 위해 별도로 지은 건물들이 아니라 실제로 지어진 지 100년 이상 된 가옥들이다. 그 풍경을 보는 기분 또한 남다르다.

매일 오전 10시에 작은 공연이 있다는 안내소 직원의 말에 따라 문화재 공연장에 도착했다. 오키나와 전통 노래를 산신 음악이라고도 하는데, 여기서 산신은 울림통이 뱀가죽으로 이루어진 악기의 이름이다. 개인적으로 매년 도쿄 신주쿠의 오키나와 마츠리에 방문할 정도로 그 구슬픈 음색이 가히 일품이라고 생각한다.

공연이 끝나고 드는 허전함은 아마도 출출함 때문이었다. 겉만 봐선 열었는지 알 수 없는 매점에서 눈에 띄는 메뉴는 역시 소키버거 ソーキバーガー였다. 소키는 오키나와 전통 요리로 돼지고기 갈비에 붙은 살을 떼어내 조린 음식인데, 햄버거처럼 빵에 끼워 먹으면 이렇게 맛있을 줄 누가 알았겠는가. 사람 한 명 없는 이시가키 100년 가옥에 앉아 마치 내 집인 양 버거를 먹었다.

산책 중에 쥐라기 공원 입구 같은 곳을 발견했는데, 이름하여 리스자루의 숲 リスザルの森이었다. 별 기대 없이 들어간 숲속에는 다람쥐원숭이 수십 마리가 돌아다니고 있었다. 작은 체구에, 마치 복사해 붙여놓은 듯한 귀여운 외모, 거기에 온순하고 사람을 좋아하는 성격 덕분에 방문객들의 사랑을 듬뿍 받고 있었다.

일본 최고의 해변, 카비라만의 절경

놓치면 끝장인 하루 한 편 있는 버스를 기다리는 순간도 여행이 끝나면 다 추억이 될 것이다. 섬마을 주민들만 듬성듬성 앉은 마을버스를 타고 한참을 달려 이시가키에서 가장 아름다운 해변이 있다는 곳에 도착했다. 아까 먹은 버거가 이미 다 소화됐는지 슬쩍 배가 고파서 점심을 먹어보기로 했다. 적당히 찾아낸 근처의 식당은 가정집을 개조한 듯한 곳이었다. 점심 메뉴는 800엔 균일가였고, 나는 생선과 치킨 튀김 세트를 주문했다. 이것은 점심부터 맥주를 마실 수밖에 없는 맛이었다. 800엔이 아닌 1,800엔을 받아도 충분할 정도로 내 인생 최고의 생선 튀김이었다.

  길을 걷다 보면 한국의 제주도처럼 낮은 돌담길을 자주 볼 수 있는데, 아시아의 시골길은 서로 닮은 구석이 있는 것 같다. 지금 가는 곳은 카비라만川平湾이라는 해변이다. 일본에서 가장 아름다운 해변이라는 말이 있지만, '동북아시아 바다가 예뻐봤자 거기서 거기'라던 나의 편견이 오늘 산산이 깨졌다.

  이리오모테 이시가키 국립공원西表石垣国立公園의 일부인 카비라만을 왜 일본 제일의 해변이라 하는지 바로 알 수 있었다. 카비라만은 유일하지만 치명적인 단점이 있었으니, 그것은 바로 풍덩 빠져들고 싶은 빛깔의 해변이지만 물에 들어가는 것이 금지되어 있다는 것이다. 물속 수많은 산호초와 자연을 보존하기 위함이라니 이해가 되지만 아쉬움이 남는다.

이시가키 시내와 독특한 오키나와 문화

  눈부시게 아름다웠던 바다 카비라만을 뒤로 하고 떠나는 길, 오후가 되니 살짝 땀이 날 정도로 더워졌다. 이럴 때 생각나는 것이 바로 시원한 아이스크림이고, 오키나와를 대표하는 아이스크

림이 있었으니 바로 블루실 아이스크림 ブルーシールアイスクリームったた이다. 1948년 설립된 블루실 아이스크림은 한때 오키나와 미군들이 고객이었으나, 지금은 오키나와 소금, 쿠키, 블루웨이브 등의 아이스크림을 앞세워 오키나와에서만큼은 배스킨라빈스보다 더 명성을 얻고 있는 브랜드이다.

 아이스크림을 먹은 뒤 처음 버스를 탔던 이시가키 버스 터미널로 돌아왔다. 이시가키의 자연을 봤으니, 번화가 구경도 잠시 해볼까 한다. 이시가키에서 교통이 가장 붐비는 교차로에 재미있는 비석이 하나 있는데, 한국인의 눈엔 730부대 입구 같은 표지이지만 이는 사실 1978년 7월 30일을 기리는 비석이다. 한때 미국령으로 우측통행을 하던 오키나와현이 새벽 6시를 기점으로 좌측통행으로 전환된 기념적인 날이다.

아시아 제일의 바다, 이시가키 잠금 해제

계속해서 이시가키 시내를 둘러보니 큰 볼거리는 없지만, 골목과 작은 가게를 구경하는 재미가 있었다. 여느 소도시처럼 아케이드 상가도 있긴 하지만, 섬의 주민보다 관광객이 모이는 동네인 만큼 한 집 건너 한 집이 기념품 가게다.

여행이란 아는 만큼 보이는 것이라 했던가. 아무런 특징 없는 바닥의 격자무늬 또한 이시가키에서는 뜻을 갖는다. 바로 '민사'라고 하는 이 지역 전통 문양이다. 문양이 5개면 '언제나'라는 뜻을, 4개면 '세상'이라는 뜻을, 그리고 이 둘을 합쳐서 '세상 언제까지나 행복하게'라는 뜻을 가진다고 하여 이시가키의 혼인 신고서에까지 사용되는 의미 있는 문양이라고 한다.

오키나와현은 일본이지만 일본 같지 않은 독특한 문화가 너무 많은데, 그중 하나는 햄버거집 A&W 버거다. 맥도날드 버거킹이 전 세계 버거계를 지배하고 있지만, 이시가키에서만큼은 A&W의 입지가 독보적이다. 미국령이었던 1963년 오키나와에 진출한 버거집으로, 도쿄 긴자의 맥도날드 1호점보다 8년이나 빨랐다고 하니 일본 버거계의 시초가 아닐까 싶다.

대표 메뉴는 콜라처럼 보이는 것으로 어린이 감기약 맛이 나는 '루트비어'라는 음료인데, 얼음을 넣지 않는 대신 잔을 얼음처럼 얼려 맛을 유지하는 것이 비결이라 한다. 버거 맛은 집에서 만든 듯 덜 기름지고 담백한 것이 마음에 쏙 들어서 이곳에 올 때마다 먹겠다고 혼자 다짐을 해보았다.

타케토미섬, 숨겨진 보석 같은 해변

만족스러운 식사를 마치고 나와 소화도 시킬 겸 5분 거리의 항구로 산책을 가보기로 했다. 이곳 항구 터미널에선 주변 섬들로 매일 페리도 운항하고 있어서 상당수의 사람들은 오직 섬 여행만을 위해 이시가키에 찾아온다고 한다.

항구 터미널에서 기웃기웃 구경 중이던 내 눈에 유독 들어오는 섬이 하나 있었으니, 겨우 편도 15분 거리의 섬 타케토미竹富島이다. 아름다운 해변이 있는 섬이라니. 그렇게 결정된 얼렁뚱땅 타케토미섬 여행이 시작되었다. 15분이라는 짧은 거리인 만큼 금방 섬에 도착했다. 목적지는 터미널에서 봤던 해수욕장인데, 도보 30분 거리라니 걸어가 보도록 한다. 무작정 건너가 본

타케토미섬은 아는 만큼 보이건만 아는 것이 없으니 장님과도 같은데, 다른 것은 잘 모르겠어도 사람 사는 마을이 너무나 예쁜 섬임에는 틀림없는 것 같다.

반나절이면 둘러볼 수 있는 작은 섬이라 자전거 렌트도 좋겠지만, 도쿄에서 온 걷기 애호가인 나는 지도만 보고 해변을 향해 걸어갔다. 중간중간 나오는 귀여운 우체국 건물이나 아담한 돌담길 풍경에 계속 정신이 팔려 발걸음이 좀처럼 빨라지지 않는다.

그렇게 해수욕장 콘도이 비치コンドイビーチ에 도착했는데, 이곳 해수욕장은 정말 너무나도 맑고 투명하고, 또 아름다웠다. 해수욕장인 만큼 언제든지 자유롭게 들어갈 수 있는 것이 낮에 들린 카비라만과의 큰 차이점이다. 내 인생 가장 투명한 물의 해수욕장인데도 여기 있는 것은 오직 나 하나뿐이다. 수천만 명의 해외여행객이 쏟아져 들어오는 요즘, 일본에 아직 이런 보물 같은 곳이 남아 있을 거라고 누가 알았겠는가.

한참을 앉아 아름다운 바다를 바라보다 보니, 어느새 떠나야 할 시간이었다. 이번 이시가키 여행은 큰 기대 없이 떠나온 여행이었지만, 일본 그 어느 곳보다 이국적인 날씨와 풍경이 있었다. 그리고 무엇보다 몰디브와 하와이 못지않은 아름다운 바다의 섬이 있었다. 3년이 지나기 전 어느 봄날에 다시 찾아오리라 내 자신과 약속하며, 이번 이시가키 여행을 마친다.

아시아 제일의 바다, 이시가키 잠금 해제

느린 여행의 미학,
나고야

일본에 혼자 사는 남자의 어느 주말. 오늘은 살고 있는 도쿄를 떠나 나고야名古屋의 한 호텔에 와 있다. 푹 자긴 했지만 혼자 머물기엔 조금 과분한 방이었던 것 같다.

나고야에 수많은 호텔이 있지만 올 때마다 항상 이곳에 오곤 한다. 그 이유는 바로 호텔 1층이 일본 교통의 중심 나고야역이기 때문이다. 나고야역은 오사카와 도쿄를 오가는 모든 열차가 들리기 때문에 언제 와도 항상 사람이 많고 복잡하다.

누군가 나고야 여행의 최대 매력이 뭐냐고 묻는다면 망설임 없이 나고야 지역만의 특색 있는 음식들이라 답할 텐데, 그걸 생각하니 딱히 호텔에 있는 식당에서 아침밥을 먹고 싶지는 않아졌다. 그렇게 시작된 맛있는 아침밥을 찾아 떠나는 여정.

나고야는 국토 중앙에 위치한 지리적 이점을 살려 일본 최대의 공업도시로 발전했다. 세계적 기업인 도요타가 시작된 곳이기도 하니 한국으로 치면 울산과 대구 같은 느낌인 것 같다. 나고야에는 장어덮밥, 미소카츠, 미소우동 등 유명한 음식이 많은데, 그중 아침밥으로 유명한 건 오구라 토스트 小倉トースト다.

100년 전통의 오구라 토스트 체험

길을 걷다 보니 늘 걷던 일본의 길과 다른 느낌이었다. 약간 대만이나 중국 도시를 걷는 기분이 들었다. 나고야에서 가장 유명한 음식 중 하나가 바로 대만식 라면, 즉 타이완 라면이기 때문이다. 하지만 정작 대만에는 없는 요리라고 하니 이것 역시 아이러니하다.

일본 여행을 하다 보면 전국 어디서나 고메다 커피 コメダ珈琲店 라는 카페를 볼 수 있는데, 알고 보면 이 또한 나고야 출신의 체인점이다. 나고야식 아침 토스트나 가벼운 음식들을 전국 어디서나 즐길 수 있게 한, 그야말로 나고야 홍보대사와도 같은 카페다.

1920년대 단팥죽에 토스트를 찍어 먹는 소녀를 본 한 찻집 주인이 이에 영감을 받아 개발한 메뉴가 팥을 올려 먹는 오구라 토스트다. 그리고 100년 전 그 찻집이 바로 키싸 마츠바 喫茶まつば. 100년의 세월이 느껴지는 인테리어는 아니라 좀 아쉬웠지만, 맛은 100년 전 그 맛이길 바라며 웨이팅을 해 본다.

팥을 토스트에 발라 먹다니, 꽤 생소한 조합이었지만, 팥에 익

4장 ◦ 휴일의 묘미, 구석구석 일본 여행

숙한 한국인이라면 쉽게 상상할 수 있는 그런 맛이었다. 가장 놀라운 건 바로 가격이었는데, 팥과 토스트, 달걀, 커피까지 다 합쳐 400엔이다. 아침 찻집 토스트 문화의 도시 나고야, 최고다.

도쿠가와의 전진기지, 나고야성

지도를 보니 나고야성이 도보 20분 거리에 있는 것 같아, 산책할 겸 걸어가기로 했다. 나고야 여행의 장점이자 단점은 바로 한적하다는 것이다. 외국인은 물론 현지 일본인들에게도 인기 있는 관광지는 아니다 보니 그냥 어딜 가든 한산하고 붐비지 않아 조용하다.

그렇게 20여 분 걸어서 도착한 나고야성. 나고야 최고의 관광

느린 여행의 미학, 나고야

지인 만큼 다른 곳보다 차도 많고 여행객 또한 도쿄 유명 관광지처럼 많다. 나고야성은 일본 역사에서 매우 큰 의미가 있기 때문이다.

때는 16세기 일본 전국시대. 도요토미 히데요시와 충신들이 오사카성을 중심으로 일본 전국을 호령할 때, 최후의 승자가 된 도쿠가와 이에야스가 오사카를 견제하고 도쿄로 가는 길목을 방어하기 위해 건축한 것이 바로 나고야성이다. 중국인들의 삼국지처럼 많은 일본인들이 좋아하는 역사 속 배경인 만큼 나고야를 찾는 일본인들의 필수 방문 코스로 자리매김하고 있다. 성 내부는 현재 안전 문제로 공개하지 않아 주변 성터를 산책하며 나만의 방식으로 16세기 도쿠가와 이에야스의 자취를 느껴본다.

도요타의 기원과 일본 왕가의 보물

붉은색 벽돌의 외관이 인상적인, 공업도시 나고야의 상징과도 같은 도요타 산업기술기념관 トヨタ産業技術記念館에 들렀다. 삼성이 건어물 가게, LG가 화장품 가게로 시작했던 것처럼 도요타의 시작도 지금과는 전혀 달랐다. 바로 천을 만드는 방직기계 제조사였다. 그리고 기념관이 있는 이 장소가 도요타의 첫 공장이 있었던 곳이라고 하니, 전 세계 도요타 팬들에게는 성지순례와 같은 곳이다.

　기념관은 도요타의 원점인 방직기계들로 시작하는데, 어느 기업의 홍보관 수준이라고 짐작하면 오산이다. 실제로 보면 세계 최대급 방직기계 박물관이 아닌가 하는 생각이 들 정도다. 대형 기계들이 쉴 새 없이 천을 만들어 대고 있고, 기계마다 직원들이 직접 설명을 해주거나 기구의 시연을 보여줘서 방직에 관심이 없는 나 또한 그 재미가 배가 되었다.

　전시관 곳곳에 1920년대 공장 모습을 재현해 두고 있어서 과거로의 여행을 온 것 같은 기분도 들었다. 메인 전시 공간에는 차를 좋아하는 사람들에겐 꿈만 같을, 올드 카들이 나란히 서 있다. 지금 봐도 세련되게 느껴지는 걸 보니, 옛날 차들 디자인이 요즘 길에서 보이는 차들보다 예쁜 것도 같다.

기념관에서 나와 페라리 스포츠카처럼 빨간 색상의 전철을 잡아타고, 나고야 시내를 달려 도착한 곳은 역시 일본 역사에서 가장 중요한 곳 중 하나인 아츠타 신궁熱田神宮이다. 일본에는 고대로부터 전해 내려오는 '삼종신기'라는 보물이 있다. 이는 거울, 검, 옥구슬 세 가지를 뜻하며, 수백 년 이상 일본의 왕에서 왕으로 계승되고 있다. 그만큼 일본 왕가의 정통성을 상징한다고 할 수 있다. 그리고 그중 구사나기의 검이 보관된 곳이 바로 아츠타 신궁이다. 일본 신궁이 마음에 드는 이유가 하나 더 있었으니, 주변에 울창한 나무들이 많다는 것이다.

나고야의 심장, 사카에 번화가와 미라이 타워

나고야는 200만 명이 넘게 살고 있는 대도시인 만큼 다양한 번화가들이 존재하는데, 오늘의 마지막 일정으로 그중 가장 대표적인 곳을 가보려 한다.

영광과 같은 한자 '영'을 쓰는 지역, 사카에榮. 누가 뭐래도 나고야를 대표하는 최대 상권이다. 번화가라고 하면 우린 쉽게 상가로 둘러싸인 아스팔트길을 연상하겠지만, 나고야의 번화가 사카에는 넓고 쾌적하고 또 청량했다. 시부야, 신주쿠, 긴자의 복잡함에 익숙해진 나에게는 색다른 경험이었다.

눈길을 끈 것은 백화점이 아닌 나고야의 도쿄 타워, 추부전

력 미라이 타워中部電力다. 도쿄 타워보다 4년 앞선 1954년 세워져 국가 유형 문화재에 등록되었다고 한다. 탑으로 향하는 길은 2km 거리의 공원 겸 상업시설로 이루어졌는데, 단순히 탑을 향해 걷기만 하는 게 아니라 볼거리, 먹을거리, 살 거리가 모두 풍부한 시내 한복판이다. 그러면서도 자동차 한 대 안 보이는, 지극히 사람 중심의 거리라고 생각되었다.

　탑은 지어진 지 70년이나 된 만큼 최근 지어진 전망대들처럼 화려한 모습이나 개방감 넘치는 대형 통유리창 같은 건 없었지만, 정감 가는 대도시 나고야의 전경을 감상하기엔 충분했다. 찾는 사람이 많지 않은 만큼 전망대 의자도 텅텅 비어 있었는데, 사람이 없으니 눈치 볼 일도 없어서 머리를 비우고 한참을 앉아 전망만 바라보았다.

　공업이 발달한 탓에 '노잼의 도시'라고 불리는 나고야. 하지만 나에게 나고야는 맛집이 어느 도시보다 많고, 일본 문화 역사의 중심에서 빼놓을 수 없으며, 평화롭고 한적한 슬로우 여행을 대표하는 도시이다.

　재미있는 여행지를 추구하는 사람에겐 별로일 수 있지만, 한적한 산책을 좋아하는 사람에게는 힐링의 도시가 바로 나고야인 것이다. 더 많은 사람들이 나고야의 매력을 알아주는 날이 오길 기대한다.

우리 모두 꼭 한번 가봐야 할 히로시마

신나는 금요일 저녁 퇴근길. 일주일 중 가장 즐거워야 할 순간이었지만 그다지 신이 나지 않았다. 금요일 저녁인데도 딱히 할 일이 없었기 때문이다. 비 내리는 신주쿠역 앞에 서서 열차를 기다리고 있는 사람들을 보다 보니 문득 어디론가 훌쩍 기차 여행을 떠나고 싶어졌다.

그렇다면 어디 한번 구경이라도 해볼까? 분명히 구경만 좀 하다 가려 했지만, 그로부터 1분 30초 뒤 내 손 위에 들려 있는 것은 히로시마広島행 신칸센 열차 티켓이었다. 탑승 시간은 바로 코앞이었다. 나의 돌발 행동에 잠시 불안과 초조함이 몰려왔지만 이미 엎질러진 물, 일단 가보기로 했다.

편도 2만 엔짜리 티켓을 들고 시나가와역에서 신칸센에 올랐다.

시나가와역은 도쿄의 교통 거점으로 도쿄 서쪽을 향하는 대부분의 고속 열차가 정차하는 역이다. 현재 시각 저녁 8시 9분, 아직 3시간 30분은 더 가야 해서 도시락과 맥주를 구매했다. 그렇게 금요일 밤을 덜컹거리는 열차 안에서 보냈다.

미야지마섬으로의 여정

한참을 더 달려 드디어 히로시마역에 도착했다. 히로시마는 도쿄보다 부산이 훨씬 더 가까운 곳이기도 하다. 시간을 보니 벌써 밤 12시 6분 전, 아무래도 내가 탄 열차가 오늘의 마지막 열차였나 보다. 지하철도 버스도 다 끊기는 시간이지만 오는 길에 역에서 도보 1분 거리 숙소를 잡아둔 나는 두렵지 않았다.

다음 날 아침, 어제는 어두워서 몰랐던 숙소 주변을 한참 보다 오늘은 뭘 해야 하는지 고민해 봤다. 구글 지도를 대충 훑어보다 말고 일단은 나가서 고민하기로 결정했다. 우선 1분 거리의 역으로 가보니 도쿄보다 청량한 히로시마의 하늘에 정신이 맑아지는 기분이었다. 크게 특이할 점 없는 히로시마역에 도착하여 오늘의 첫 번째 목적지인 미야지마섬宮島으로 향했다. 명실상부 히로시마 최대의 여행지라 할 수 있는 곳으로, 열차 티켓에 뱃값까지 포함된 것이 이색적이었다.

두세 칸이 전부인 소도시 열차들은 언제나 마음을 설레게 만

든다. 마치 이제는 없어져 버린 비둘기호의 감성 같다. 한참을 달려 도착한 곳은 미야지마섬 입구역이었다. 이름처럼 이곳은 입구일 뿐이고 여기에서 다시 페리로 갈아타야 하지만, 내가 산 티켓에는 페리까지 포함되어 있었다.

  5분 정도 걸어서 항구에 도착했다. 배 타고 가는 섬 여행을 좋아하는 나에게 360도 섬으로 둘러싸인 일본은 참 여행하기 좋은 나라다. 페리는 실내 자리도 있지만 겨우 10분이면 도착하기 때문에, 낭만이 더해지는 갑판으로 향했다. 미야지마섬은 다리를 놔도 될 정도로 항구에서 가까운 거리이지만, 다리가 없으니 섬 여행이 진정한 섬 여행이 될 수 있는 것 같았다.

  금세 도착한 미야지마에서 기존 여행자들과의 교대가 이루어졌다. 어제 이 시간엔 회사에 있었던 것 같은데, 오늘은 히로시마현

우리 모두 꼭 한번 가봐야 할 히로시마

미야지마섬이라니. 전광판도 한국어로 나를 반겨주었다. 도착해서 전광판을 보고서야 미야지마섬이 세계문화유산인 걸 깨달았다.

히로시마에는 일본 전국적으로 유명한 먹거리가 두 개 있는데, 그중 하나가 바로 굴이다. 일본 전체 굴 생산량의 60%가 히로시마에서 난다고 하니, 한 집 건너 한 집이 굴집일 만했다. 미야지마에서 또 하나 유명한 것은 사슴이었다. 섬 어디서든 자유로운 영혼의 사슴들을 만날 수 있기 때문이다.

들어선 상점가에는 굴 카레 빵에서부터 굴구이까지 다양한 굴집들이 있었다. 내가 선택한 오늘의 첫 굴집은 바로 굴구이 꼬치 가게였다. 철판으로 한 번, 숯불로 한 번 구운 뒤에 특제 유자 소스를 발라주었는데, 시골 항구를 바라보며 먹고 있자니 어느 미쉐린 식당도 부럽지 않았다.

일본 3경이자 세계문화유산인 미야지마, 이 자신감의 원천을 확인하러 섬으로 더 들어가 봤다. 코너를 돌 때마다 나오는 다채로운 풍경에 잠시도 지루하거나 한눈을 팔 수가 없었다. 물론 중간중간 만나는 사슴 친구들은 보너스였다.

바다 위의 붉은 도리이

미야지마가 일본 3경이 된 가장 큰 이유는, 일본인은 누구나

안다는 바다 위 빨간 도리이 鳥居* 덕분일 것이다. 하지만 막상 도착해보니 공사 중이라 실망스러웠다. 교통비 편도 2만 엔을 내고 온 사람으로서 주체할 수 없는 분노도 잠시, 누구보다 빠른 포기가 장점인 나는 옆에 있는 신사 구경을 갔다. 이 신사는 만조일 때는 바다 위에 떠 있는 형태로 유명한데, 썰물일 때는 황량한 모습이었다. 이왕 온다면 만조 시간대를 검색해 보고 오는 편이 좋을 것 같다. 신사 한쪽에서는 전통 연극 무대도 열리고 있었는데, 커피, 차, 도시락을 하나씩 사 들고 연극 무대를 즐기는 풍경이

---

* 도리이(鳥居, とりい): 신사의 경내와 인간 세계를 구분하는 신성한 경계의 문이다. 흔히 두 개의 기둥과 두 개의 가로막대로 구성된 붉은 대문의 형태로, 지나간다는 의미에서 신령의 세계로 들어가는 문으로 간주된다. 편집자 주

왠지 모르게 따스하게 느껴졌다.

  미야지마는 바다와 신사 외에 다양한 매력이 있었는데, 그중에서도 마을을 가로지르는 도랑이 인상적이었다. 도랑을 중심으로 하는 골목길을 구경하고, 도랑길을 직접 걸어보기도 하며, 물 마시러 내려온 사슴도 보다 보니 진정한 휴식을 즐기는 기분이 들었다.

  길가 곳곳에 다양한 먹거리도 팔고 있었다. 굴튀김에 맥주라니 이것은 지나칠 수 없는 조합이었다. 가게에서 마련한 캠핑용 의자에 앉아 굴튀김 한 입 먹고 맥주 한 잔 마시다 보니, 여기가 샹그릴라인가 싶었다.

  행복했던 굴 타임을 뒤로 하고 다시 출발할 시간이었다. 멀리 언덕 위에 정자 같은 것이 보여 가보니, 센조카쿠千畳閣라는 목조 건축물이 있었다. 뻥 뚫린 공간에 딱히 볼거리는 없었지만, 선선한 바람으로 더위를 식히고 가기에는 더할 나위 없이 완벽한 장소가 되어 주었다.

  페리를 타러 가다 말고 생굴 간판에 붙잡혔다. 굴구이와 굴튀김만 먹고 생굴을 안 먹을 수 없었다. 싱싱한 것들로 몇 개 골라 자리 잡고 앉아서 히로시마 굴 여행의 피날레를 장식했다. 그리고 대낮부터 맛있는 하이볼까지 마셨다.

원폭돔과 평화기념공원에서의 성찰

히로시마현 미야지마섬에서 바다와 산, 신사, 그리고 굴 요리까지 만끽한 후 다시 육지로 돌아왔다. 기차에서 버스, 버스에서 오래된 노면전차로 갈아타며, 이런 다양한 교통수단도 귀중한 관광자원이라 생각하며, 덜컹덜컹 평화로운 히로시마 시내를 가로질렀다.

그렇게 도착한 곳은 전 세계에서 가장 유명한 곳 중 하나인 동시에 가장 슬픈 장소이기도 한 원폭돔이다. 1945년 8월 6일 바로 이 근방에 세계 첫 핵무기가 투하되었는데, 그때 완전 붕괴되지 않은 몇 안 되는 건물 중 한 곳이 바로 이 돔 형태의 건물이었다. 이제는 원폭돔이라는 이름으로 세계문화유산에도 등재되어

우리 모두 꼭 한번 가봐야 할 히로시마

히로시마를 방문하는 모든 여행자가 한 번쯤 들리는 곳이 되었다.

사진이나 영상에서 느낄 수 없었던 묘한 감정을 느끼며 원폭돔 주위를 천천히 둘러보았다. 근처에는 상당히 넓은 공원이 있었는데, 히로시마 평화기념공원広島平和記念公園이었다. 평화를 기리는 공원으로 당시 시민들을 기리는 위령비가 놓여 있었다.

공원 한편의 자료관으로 가보기로 했다. 내부는 원폭 투하 전의 히로시마 전경으로 시작되었는데, 방금 지나온 원폭돔의 이전 모습에서 시작해서 직후의 모습 등 다양한 자료를 보는 발걸음 하나하나가 무겁기만 했다. 세계 평화를 기린다는 평화의 종에 내 작은 소망도 얹어볼 뿐이었다.

히로시마의 또 다른 자랑, 오코노미야키

자료관을 나와 긴장감이 한결 풀리자 갑자기 배가 고파지기 시작했다. 낮에 먹은 굴이 히로시마 먹거리 중 하나라면, 춘천의 닭갈비처럼 히로시마를 대표하는 독보적인 요리도 있다. 그것은 바로 오코노미야키.

오코노미야키의 세계는 크게 두 가지로 양분되는데, 바로 오사카식 오코노미야키와 히로시마식 오코노미야키이다. 그리고 열심히 찾아온 이곳이 바로 히로시마식 오코노미야키의 최대 격전지인 오코노미무라お好み村였다.

3층짜리 건물에 100% 오코노미야키 가게만 입점해 있다니, 어설픈 가게들은 살아남을 수 없는 오코노미야키의 성지가 아닐까 싶었다. 저녁 시간이 되면 앉을 자리가 없을 정도로 붐빈다는데, 내가 방문한 5시는 오픈 준비를 하는 시간인가 보다. 수십 곳의 가게들을 탐색하고 다니던 중에 결국 한 곳에 정착해서 앉게 되었다. 잘 모르겠을 때는 사인 많은 집에 가는 것이 인류의 본능인 듯하다. 히로시마식 오코노미야키의 특징은 재료를 항상 산같이 쌓아준다는 것이다. 맥주와 함께 오코노미야키를 먹으며 하루를 정리했다.

계획 없이 갑작스레 떠나온 히로시마 여행이었다. 아름다운 미야지마섬과 굴 요리, 그리고 평화에 대한 깊은 성찰까지 할 수 있었던 이곳에서의 짧은 여정은 여기까지다.

찰나의 번영,
에히메현 우치코

어느 공휴일, 기차를 타고 시코쿠四国의 작은 소도시에 놀러 가기로 했다. 사실 이 마을의 존재는 어제 저녁에야 알았는데, 이때는 몰랐다. 이곳이 나의 최애 소도시 중 하나가 될 줄은.

비 오는 날, 우치코와의 첫 만남

출발할 때는 날씨가 좋았지만, 우치코內子町에 도착했더니 비가 후드득 내리고 있었다. 그렇게 첫인상은 좋지 않았던 소도시 우치코역 앞에서 코인 보관함을 발견했다. 비 오는 날에는 기동력을 위해 짐을 다 맡기는 것이 상책이다.

몸을 가볍게 만든 후 역전 안내센터에서 우산을 사고, 한국어

지도를 들고 여행 작전을 짰다. 우치코역에서 일직선으로 볼거리가 배치되어 있으니, 비를 맞으며 왕복하지 말고 택시로 반대편 끝까지 간 뒤 걸어서 돌아오기로 했다.

시골에서 만난 택시 기사님은 참으로 친절했다. 동네 명소와 관광지를 지날 때마다 설명해 주시는 모습에서 본인 지역에 대한 자부심과 애정이 느껴졌다. 비는 여전히 힘차게 내렸고, 구매한 우산은 작아도 너무 작았지만.

여행의 시작점인 고쇼지興聖寺라는 절 입구에는 꽤나 큰 크기의 누워있는 부처님, 와불臥佛이 있었다. 이곳 우치코 마을은 한때 일본 최고 부자 마을 중 하나였다는데, 지금의 마을 크기에 비해 절 규모가 으리으리한 걸 보니 한때 정말 잘 나가던 마을이

맞구나 싶었다.

  아무도 없는 절을 거닐던 중 신기하게도 비가 그쳤다. 여행 중 날씨의 법칙이 있다면, 우산을 사면 해가 뜨는 법이다. 갑자기 마을이 예뻐 보이기 시작했다. 부처님 발바닥에서 빛나는 1엔짜리 동전들을 보며 앞으로도 행복하게 살게 해 달라고 기도했다.

목랍으로 번영한 역사의 거리

  다시금 흐려진 날씨 속에서 작은 우산에 의지해 마을로 향했다. 우치코는 1800년대 중순부터 양초의 재료인 '목랍'의 일본 최대 생산지였다. 이때 생겨난 부유한 거리가 아직도 그대로 유

지되고 있다고 한다.

마을의 시작점에서는 독일 로텐부르크의 자매 도시라는 이야기와 함께 독일 가정 요리 맥줏집이 눈길을 끌었다. 본격적으로 마을을 걸으니 깔끔한 2층 건물들이 보였다. 이 건물들이 100년에서 150년은 되었다니, 말 그대로 타임머신 여행이 따로 없었다.

처마 아래에 앉아 쉬면서 일본 그룹 여행객들의 가이드 설명에 귀를 기울여 봤다. 비 때문인지 동네 사람들은 잘 보이지 않았지만, 작은 기념품인 100엔짜리 솔방울과 손수 만든 돈통을 보니 왠지 모를 귀여움에 웃음이 났다.

상점의 물건들은 밖에서 그 품목을 알기 힘들고, 그 안에 들어가 봐야 비로소 알 수 있다는 게 매력적이었다. 작은 우산을

쓰고 다시 걸으니 붉은 단풍잎에서 가을의 정취도 느낄 수 있었다. 마을 곳곳에는 옛 모습 그대로의 휴게실도 마련되어 있었는데, 방명록에 "옛 부자 동네에 왔으니 부자 되게 해주세요"라고 적어두었다.

현대식 슈퍼나 편의점으로 리모델링할 법도 한데, 옛날 방식 그대로를 유지하는 가게들이 눈길을 사로잡았다. 대형 카페나 상점이 앞으로도 입점하지 않는 거리가 되기를 바라본다.

마을에는 전통적인 가게만 있는 줄 알았는데, 세련된 빵집이나 유행을 따르는 인테리어의 찻집들도 보였다.

택시 기사님이 알려준 카미하가 上芳我家住宅는 당대 최고의 부잣집이었다고 한다. 정원에는 당시 목랍을 만들던 도구와 과정이 자세히 적혀 있었지만, 이해가 잘 되지 않아서 멋들어진 부잣집 정원을 한적하게 거닐어봤다. 정원은 무료 관람이었고, 저택 구경 관람료는 500엔이었다. 결제를 하고 들어가니 옛날 사무라이 영화에서 본 듯한 미로 같은 저택이 나타났다. 한국과는 전혀 다른 구조가 신기해 한참을 구경했다. 그중에서 가장 재미있게 본 곳은 바로 화장실이었다.

  크기가 작은 아기용 화장실은 밖에서 보이고, 어른용 화장실은 안쪽에 크게 마련되어 있었다. 그리고 손님용 화장실은 별도 공간의 이중문으로 되어 있었다. 집주인이 화장실에 진심이었구나 싶었다. 마지막으로 100년 전 목욕탕까지 둘러본 후 마루에 앉아 100년 전 양초 냄새를 맡아봤다.

목랍 양초의 전설을 만나다

  부잣집에서 나와 길을 걷다가 양초 가게를 발견했다. 오전에 택시 기사님이 추천한 가게였다. 양초로 부자가 된 마을에서 양초를 보지 않을 수는 없다. 이미 많은 사람이 구경 중이었고, 고급스럽고 우아한 초들이 진열되어 있었다.

  초는 실제로 생산 중이라는데, 불 켜진 초를 보니 내가 아는 일반적인 양초와는 달랐다. 가스관이 연결된 듯 강력한 화력에 촛농이 떨어지지 않았다. 에펠탑이 세워진 1900년 파리 만국박람회에

출품되어 상을 받고, 그 뒤로 재패니즈 왁스로 글로벌 진출에 성공한 그 전설의 목랍을 완제품 양초로 볼 수 있었다.

자유롭게 개방된 가게 뒷마당을 둘러보고 주인에게 이곳 양초가 얼마나 멋진지 설명을 듣다 보니, 최고의 가정용 양초를 사지 않을 수가 없었다. 양초와 촛대는 물론 양초심 커터까지 풀 세트로 구매했지만, 올해 최고의 쇼핑 중 하나라 믿어 의심치 않는다.

쇼핑을 마치고 나와 다시 걸었다. 처음엔 비가 와서 싫었지만, 지금은 오히려 그 빗속을 걷는 게 좋았다. 옛날 생활용품 박물관도 있었는데, 입구부터 너무 매력적이어서 내부도 구경해보고 싶었지만 배가 고파서 지나치기로 했다.

이 근방에서 가장 유명하다는 식당에서 점심을 해결했다. 소

바를 그렇게 좋아하지는 않지만, 100년 넘은 건물에서 운영 중이라 해서 찾아갔다. 소바와 돼지덮밥 세트가 1,000엔을 약간 넘어 관광지답지 않은 합리적인 가격이었고, 소바의 맛도 좋았다.

마지막 목적지는 1916년 창건된 극장 우치코자 内子座다. 일본 전통 연극인 가부키 전용 극장인데, 100년도 전에 문화시설을 이 정도 규모로 지었다는 것에서 당시 이 마을이 얼마나 번영했는지를 다시 한번 느낄 수 있었다.

400엔을 내면 내부 견학이 가능하다고 해서 찾아왔는데, 아쉽게도 오늘은 실제 연극을 하고 있어서 내부 견학이 불가했다. 아쉬움에 쉽게 발걸음이 떨어지지 않았지만, 양초를 들고 역으로 돌아갔다.

처음엔 날씨가 아쉬웠고, 다음엔 짧은 일정이 아쉬웠고, 마지막엔 보지 못한 우치코자가 아쉬웠다. 하지만, 이 모든 것이 우치코에 다시 찾아올 이유가 되었다고 생각하니 그렇게 아쉽기만 할 일도 아니라는 생각이 들었다. 다시 찾아올 그날을 기다리며 우치코와의 첫 만남을 마무리했다.

귤과 온천의 성지, 마쓰야마

어느 금요일 저녁, 회사 일을 마친 후 배달 음식을 기다리며 평범한 하루를 보내던 날이다. 금요일 저녁은 자고로 배달 음식을 시키는 날이라며 주문한 칼스 주니어 햄버거는 버거킹보다 1.2배 더 맛있었다. 햄버거를 해치우고 쓰레기를 정리하며 이번 주말은 무엇을 하고 보낼지 생각해 보았다. 요즘은 매일 날씨가 맑아서 어디 지방으로 여행을 다녀와도 좋을 것 같았다.

저녁 7시 32분, 여행을 가기엔 좀 늦은 시간이지만 '생각할 때가 가장 빠른 시간'이라는 정세월드류 여행술에 따라 짐을 싸기 시작했다. 가방을 꺼내고, 옷과 세면용품을 넣고, 언제나 대기 중인 여행용품 세트와 각종 충전기, 그리고 마스크 한 묶음을 넣으면 짐 싸기 완성이다. 가방 안에 짐이 안정적으로 배치되어 있는

지 꼼꼼한 확인한 뒤 신주쿠로 향했다.

장장 12시간의 심야 버스 여정

이미 시간은 밤 9시가 되어 비행기나 신칸센을 타기에는 너무 늦은 시간이었다. 그래서 신주쿠 고속버스 터미널에 왔다. 한국에서 도쿄로 여행을 올 때는 몰랐는데, 신주쿠 한복판에 이렇게 큰 버스 터미널이 있었다. 일본은 한국보다 국토가 길고 넓다 보니 버스로 10시간 이상 걸리는 곳도 많고, 그만큼 심야 버스도 매우 활성화되어 있다.

빽빽하게 배차된 일본 전국으로 가는 버스 중에서 내가 탈 버스를 선택했는데, 번호판이 내 생일과 같아서 마음에 들었다. 심야 버스에도 다양한 종류가 있는데 오늘 탄 버스는 그렇게 좋은 버스는 아니었다. 심야 버스라고는 하지만 편의시설은 화장실 정도가 전부였다. 오늘의 여행 목적지는 에히메현 마쓰야마 松山 市로, 예전부터 가 보고 싶었던 곳이라 덜컥 저질렀지만 12시간이나 버스에 앉아 있으려니 벌써 걱정이 되었다. 휴게소를 두 번 들린다고 했지만 새벽 휴게소는 있으나 마나 한 상황이었다. 불 꺼진 버스에서 잠이 들었고, 버스 탑승으로부터 12시간 뒤 생존자들이 하나둘 버스에서 내렸다.

마치 홍콩인 양 다니는 노면전차들이 왠지 모르게 이국적인 이곳은 시코쿠 에히메현 마쓰야마시다. 일본에서 귤이 가장 유명한 동네로, 그래서인지 제주항공이 취항한 곳이기도 하다. 버스에서 여행 계획을 짤 예정이었지만 자느라 못 했으니 우선 관광 안내센터에 왔다. 다른 사람들이 뭘 사는지 살펴보다가 4일에 1,700엔인 노면전차 자유이용권을 구매했다. 4일이나 있을 건 아니지만 말이다.

각종 팸플릿을 잔뜩 받고 숙소에 가서 천천히 읽어봐야겠다고 생각하던 도중, 우동집이 보였다. 여행의 시작은 소화가 잘되는 우동으로 시작하기로 했다. 정세월드류 여행술 중 '도착해서 밥 먹으며 여행 계획 짜기'를 실행하는 것이다.

우동을 다 먹기 전에 어디를 갈지 정해야 했는데, 의외로 목적지는 금방 정할 수 있었다. 지금 이곳 마쓰야마역에서 노면전차를 타면 온천마을에 갈 수 있다고 하여, 밤새 버스에서 지친 몸을 씻어내기로 했다.

도고온천에서의 힐링 타임

귤처럼 진한 주황색 전차가 도착했는데, 색상보다 마음에 들었던 건 앤티크한 실내였다. 130년 된 철길 위를 달리는 70년 된 전차에 앉아 있으니 어느 흑백 영화 속에 들어온 듯한 느낌이었다. 이런 멋진 열차를 4일간 무제한으로 탈 수 있다니, 매일 하루

에 열 번씩 타야겠다고 다짐하며 도착한 곳은 도고온천역이다.

   도고온천 道後温泉은 일본에서 가장 유명한 온천 중 하나로, 3천 년 역사의 일본에서 가장 오래된 온천이다. 역 한쪽에 서 있는 보짱 열차가 눈에 띄었다. 마쓰야마는 나쓰메 소세키 夏目漱石의 소설 《도련님》의 배경 도시인데, 이 열차는 그 소설에 나오는 '보짱 열차'라고 한다. 재밌는 건 단순히 전시용이 아니라 옛 노선을 현재도 운행 중이라는 점이다. 비록 복원된 열차지만 굉장한 관광 상품이라 생각하며 역을 나서자, 비범치 않은 모습의 역사에 비범치 않은 스타벅스가 입점해 있었다. 잠도 쫓을 겸 실내 구경도 할 겸 아이스 커피 한 잔을 사 들고 2층으로 올라가 보니 110년 전 옛 역사를 복원한 건물이라는 안내가 나와 있었다. 손에는 비록 스타벅스 커피가 들려 있지만 기분만은 마치 1930년대로 여행을 온 것 같았다.

커피를 마시고 온천을 향해 가는 길에 《도련님》의 주인공 보짱坊っちゃん 동상을 발견했다. 이런 것은 못 지나치는 병에 걸렸다. 에히메현의 마스코트 미캉みきゃん도 보였는데, 귤이 일본어로 미캉이니 한국어로 치면 캐릭터 이름이 귤인 느낌이다. 귤의 도시인 만큼 귤과 관련된 상품이 많았고, 귤 케이크도 보였다. 절반은 귤로, 나머지 절반은 도련님으로 되어 있는 도시였다.

그렇게 상점가를 지나 기대하던 도고온천 본관에 도착했다. 일본에서 가장 오래된 온천치고는 혁신적인 디자인이라 들었는데, 실제로는 공사 중이라 발굴 중인 유적처럼 꽁꽁 숨겨져 있었다. 그래도 한쪽 면은 공개 중이라 잠시 들여다보며, 공사가 끝나면 다시 찾아오리라 결심했다.

다행히도 근처에 온천 별관이 있다고 해서 그곳에 갔다. 휴게실 종류에 따라 총 세 종류의 코스가 있는데, 가장 비싼 개인 휴게실 코스를 선택했다. 타월과 티켓을 받아들고 2층으로 올라가니 먼저 공용 휴게실이 보였고, 잠시 기다린 뒤 개인실로 안내받을 수 있었다. 내가 배정받은 곳은 백로의 방으로, 다리 다친 백로가 쉬었다 갔다는 도고온천의 전설에 어울리는 이름의 방이었다. 옷을 갈아입고 발코니에 나와 아래를 내려다보니 또 다른 여유가 느껴졌다. 이제 슬슬 온천에 씻으러 가보기로 했다.

미끈미끈한 온천물이었는데 사람이 겨우 3명밖에 없었다. 무엇보다 밤새 버스에서 너덜너덜해진 몸을 씻을 수 있어서 좋았다. 1,670엔이라는 가격에 온천뿐만 아니라 디저트도 포함되어 있고, 따끈한 녹차까지 준비해 주니 이만한 호사도 없는 것 같았다. 이용 시간은 총 90분으로 여유로우니, 잠시 누워 휴식을 만끽해 보았다.

마쓰야마성 탐방기

온천을 나와 바로 달려간 곳은 오는 길에 본 귤 주스 전문점이었다. 온천 후에는 바나나 우유가 제격이라고 하지만, 도고온천 후에는 주스가 안성맞춤인 것 같다. 다시 전철을 잡아타고 도착한 곳은 이 도시 최대의 번화가 오카이도 大街道다. 숙소가 이 근처에 있어서 왔지만, 체크인 시간까지 아직 꽤 남아 있어서 근처에 있다는 마쓰야마성 松山城에 가보기로 했다.

사실 성에는 별로 관심이 없지만, 마쓰야마성은 특이하게도 케이블카를 타고 가야 한다기에 가보기로 했다.

탈 수 있는 것에는 케이블카와 리프트가 있는데, 흔한 안전장치 하나 없이 오는 리프트가 왠지 더 매력적이었다. 가방을 앞으로 둘러메고 대롱대롱 의자에 걸터앉았다. 리프트에서 내리자마자 반겨주는 건 성이 아닌 작은 상점이었는데, 멀리서도 잘 보이

는 귤 소프트 아이스크림 표지에 이끌려 버렸다. 망설임은 아이스크림을 녹게 할 뿐이라는 생각에 빠르고 정확하게 결제했다. 아이스크림의 맛은 뭐랄까, 오렌지 주스를 얼린 듯한 맛이었다.

여기서부터 약 10분 정도를 성벽을 따라 올라가는데, 적군이 쳐들어왔을 때 참 공략하기 어려웠겠다는 생각만 들었다. 숨 막힐 듯이 힘겹게 성벽을 올라왔는데 또 성벽이 있으니 말이다. 성으로서의 매력은 잘 모르겠고, 경치는 참 좋았다. 아직 정상이 아닌 듯 이어지는 언덕길을 오르다 보면 갑자기 넓은 광장이 나타나는데, 여기가 마쓰야마성의 정상인 듯 했다. 이리저리 구경하며 넓은 광장을 지나다 보면, 어느 순간 나타나는 중요 문화재 마쓰야마성을 볼 수 있다. 이게 진짜 성이고, 여태 걸은 건 겨우 둘레길이었구나 싶었다.

성 안에 뭔가 재밌는 게 있는지 입구에 길게 줄이 서 있었지만, 앞서 말했듯이 나는 리프트를 타고 싶었을 뿐 성 안에 무엇이 있는지는 궁금하지 않았다. 그래서 다시 마을로 내려가기로 하는데, 성은 지나쳐도 기념품점은 지나칠 수 없는 법이다. 어김없이 무언가를 손에 쥔 채 나왔다. 오늘의 기념품은 에히메현 스티커로, 보짱 열차가 그려져 있었다. 그런데 도미도 그려져 있는 걸 보니 에히메현이 도미가 유명한가 보다. 그럼 다음 식사 메뉴는 어쩔 수 없이 도미 요리로 해야겠다.

내려가는 6분간의 리프트에서 열심히 도미 맛집을 검색하고 바로 식당으로 달려왔는데, 나를 기다리는 건 '준비 중' 팻말이었다. 쉽고 빠른 포기가 가능한 이유는 역시 플랜B가 존재하기

때문이다. 이곳이 아니어도 한 집 건너 한 집이 또 다른 도미집이었다.

누가 봐도 대표 메뉴는 도미덮밥 같아, 300엔 더 비싼 어묵 포함 세트를 주문했다. 그리고 무려 900엔짜리 지역 맥주도 함께 시켰다. 개인적으로 맛있는 지역 맥주는 별로 본 적이 없는데, 그럼에도 처음 보는 맥주는 오늘도 참을 수 없었다. 맥주 맛은 뭔가 씁쓸했고, 어묵도 나쁘지 않았다.

도미덮밥 잘 먹는 법을 소개하자면, 첫째, 소스와 달걀을 잘 풀어준다. 둘째, 도미살을 전부 넣어준다. 그리고 마지막으로 와사비를 조금 넣어주고 휘휘 섞어주면 도미덮밥 완성이다. 뭐랄까, 이건 간장 계란밥을 좋아하는 사람들은 맛있을 맛이었다. 개인적으로는 맛있었지만 역시 언제나 문제는 가격이다.

마쓰야마의 밤

밥을 먹었으니 숙소에 체크인을 하러 갔다. 오늘의 숙소는 1만 엔 미만의 전형적인 일본식 비즈니스호텔이다. 하지만 도미토리가 아닌 전용 방이 있다는 사실 하나만으로도 만족스러웠다.

이번 여행 일정은 여기까지라고 계획했었는데, 전차 자유이용권을 보다 엄청난 사실을 발견했다. 갖고 있는 티켓 한 장으로 관람차까지 무료라는 사실을 알게 된 것이다. 그리하여 오늘의 여행을 연장하기로 했다.

　잠시 자다 나왔더니 벌써 하늘이 깜깜했지만, 그럼에도 최신형 노면전차에 올라타 관람차로 향했다. 전차에서 내려 삐쭉 보이는 곳이 오늘의 마지막 목적지였다. 관람차는 타카시마야高島屋라는 일본의 고급 백화점 옥상에 있었다. 티켓 가격은 700엔이지만 1,700엔짜리 전차 자유이용권 안에 포함되어 있다니 호사가 아닐 수 없었다.

　에히메현 마쓰야마는 귤과 온천이 유명한 시코쿠의 한 중소도시다. 엄청난 볼거리, 놀거리가 있는 것은 아니지만, 나는 왠지 이 도시가 마음에 들었다. 즉흥적으로 시작한 여행이었지만, 도고온천에서의 힐링, 마쓰야마성에서의 모험, 그리고 도미덮밥이라는 새로운 맛의 발견까지. 하루를 알찬 경험으로 가득 채울 수 있었다. 특히 노면전차 자유이용권 하나로 도시 곳곳을 편리하게 다닐 수 있었고, 관람차까지 무료로 탈 수 있어서 가성비도 훌륭했다. 때로는 이렇게 계획 없이 떠나는 여행이 더 기억에 남는다.

일본 대표 겨울 풍경,
나가노

    도쿄에서 11년째 직장 생활을 하며 일본의 다양한 곳들을 방문했지만, 볼 때마다 항상 궁금했던 사진이 있다. 바로 겨울에 원숭이들이 온천하는 신비로운 장면들이다. 이번 겨울, 아직 눈도 한 번 못 본 상황에서 그 장소가 어디인지 조사해 보니 뜻밖의 결과가 나왔다.
    예상했던 홋카이도, 아오모리, 니가타가 아닌 바로 나가노 長野 였고, 도쿄에서 겨우 1시간 30분 거리였다. 이제야 알아챈 스스로가 머쓱할 따름이었다.
    기차 여행은 멍하니 앉아만 있어도 좋지만 먹는 재미를 빠뜨릴 수는 없다. 2,000엔짜리 화려한 도시락도 맛있겠지만, 230엔짜리 달걀 샌드위치처럼 가성비 좋은 것도 없다. 후딱 먹어 치우고

커피 한 잔의 여유를 즐겼다.

일본 여행을 하며 항상 놀라운 것은 국토의 크기가 굉장히 넓다는 점이다. 터널 하나만 통과해도 날씨와 기후 자체가 바뀐다. 덕분에 하나의 나라에서 여러 나라를 여행하는 듯한 기분을 느낄 수 있다. 설국열차 일등석처럼 따뜻한 기차에 앉아 눈밭을 멍하니 바라보다 드디어 도착한 곳은 나가노현의 중심, 나가노역이었다.

천 년 고찰 젠코지와 백제의 흔적

온천하는 원숭이 사진 한 장만 보고 온 터라 나가노에 대해 잘 몰랐지만, 딱 하나 기억나는 것이 있었다. 바로 1998년 나가노 동계올림픽이다. 전설적인 김동성 선수의 쇼트트랙 금메달이 있었던 바로 그 올림픽 때문인지, 스키를 타러 온 관광객도 많이 보였다.

원숭이 동네로 가는 열차 시간까지 한 시간 정도 남아서 잠시 나가노 시내를 둘러보기로 했다. 가장 유명한 관광지는 젠코지善光寺라는 절로, 1,400년 전에 지어진 일본 3대 사찰이다. 버스로 10분도 안 걸리는 거리이니 남은 시간을 보내기에 딱 좋았다.

개인적으로 절과 신사에 별로 관심은 없지만, 새로운 도시에 가면 꼭 들러보는 이유가 있다. 천 년 역사의 절과 신사 앞에는 천 년 역사의 마을과 상점가가 있기 때문이다.

버스에서 내려 젠코지로 향하는 참배길을 걸었다. 일본 그 어느

일본 대표 겨울 풍경, 나가노

곳보다 시간이 느리게 흘러가는 것이 바로 일본 전국의 참배길, 즉 오모테산도表参道의 매력이 아닐까 싶다. 그리고 오모테산도 산책의 필수 코스, 삼복 당고三色団 먹기를 빼놓을 수 없다. 삼복 당고의 삼복은 대복, 행복, 유복을 뜻한다고 하는데, 그런 것보다는 그냥 이 쫀득함이 맛있어서 좋다.

젠코지가 일본 3대 사찰인 이유는 절 안에 일본에서 가장 오래된 불상을 모시고 있어서인데, 더 놀라운 것은 이 불상이 백제가 일본에 불교를 전파할 때 넘어온 백제의 불상이라는 점이다. 아무 생각 없이 들린 절이었는데 우리 조상의 숨결이 천 년 넘게 이어진 절이라니, 이곳 나가노에서 백제의 정취를 느껴본다.

스노우몽키파크로 향하는 길

원숭이를 보러 갈 시간이 되어 무조건 이득이라는 '스노우몽키패스'를 구매했다. 목적지에 가는 열차는 여러 종류가 있는데, 오늘 탈 열차는 유카무리호ゆけむり号다. 개방감을 위해 1층을 비워두고 기관실을 2층으로 올린 것이 특징이다. 일반 좌석은 전부 자유석이지만 1호 칸만 300엔 유료석인데, 출발하자마자 탁 트인 풍경에 300엔이 아깝기는커녕 3,000엔 이상의 가치를 하는 자리라는 생각이 들었다. 역시 눈 구경은 따뜻한 기차 안에서 하는 것이 최고라고 생각하며 도착한 곳은 종점 유다나카역湯田中駅

이다.

　나가노현 시골에 있는 작은 온천마을인데, 온천하는 원숭이들로 인해 매년 겨울 전 세계 여행자들이 찾아오는 여행지로 급부상했다. 한국에서는 아직 인기 여행지가 아니라서 일본스러운 겨울 풍경을 찾아온 서양인 관광객들의 모습이 많이 보였다.

　원숭이 온천이 있는 스노우몽키파크 地獄谷野猿公苑로 가는 버스를 타고 20~30분 달렸을까, 어느새 종점에 도착했다. 하지만 스노우몽키파크가 이곳에 있는 것이 아니라, 여기서부터 40~50분 등산을 해야 한다고 한다. 갑자기 추워져서 장갑과 모자도 꺼내서 쓰게 되었다.

　몽키파크까지의 거리는 1.8km다. 입구에는 베이스캠프처럼 다양한 가게들이 있어서 간단한 등산 장비를 렌탈하거나, 먹거리들을 살 수 있다. 다행히 등산화를 신고 왔기에 바로 출발할 수 있었다.

　그렇게 시작된 짧은 등산길은 눈이 많이 녹아서 전반적으로 그렇게 힘들지는 않았다. 왼편으로 멋진 풍경이 계속 이어져서 산책을 좋아하는 나에게는 즐거운 시간이었다. 중간중간 운치 있는 료칸들도 보였는데, 서양인 관광객이 많이 들어가는 것을 보니 꽤 유명한 곳인 것 같았다.

온천하는 원숭이들

 사람들이 모여 있는 곳에 도착해 주변을 살펴보니, 바위 사이로 원숭이들이 돌아다니고 있었다. 딱히 사람들과 구분된 것도 아니고, 한두 마리가 아닌 무수히 많은 원숭이를 보고 처음에는 살짝 긴장되었다.
 하지만 이 녀석들은 사람에게 일말의 관심도 없는 것 같았다. 인도네시아 발리의 원숭이들은 사람한테 덤비고 난리가 나던데, 여기 원숭이들은 눈도 안 마주친다. 관광객은 먹을 것을 들고 있지 않고, 밥은 정해진 시간과 정해진 장소에 가면 먹을 수 있다는 안정감이 이 많은 원숭이를 전부 온순하게 만든 것이 아닐지 생각되었다.

1964년 개원한 이 공원은 그렇게 유명하지 않았지만, 2005년 BBC 야생동물 사진전에 온천을 즐기는 원숭이들의 사진이 공개된 후 지금까지 전 세계 여행자들을 불러 모으고 있다. 그리고 더 나아가 일본의 겨울을 상징하는 모습으로 자리매김하게 되었다.

이 이국적인 모습에 넋을 잃고 한참을 바라봤는데, 마치 내셔널지오그래픽이자 디스커버리 채널의 현실판 같았다. 겨울 일본 여행은 어디가 좋을지 고민하는 사람이 있다면 적극 추천하고 싶다.

시부 온천마을에서의 하룻밤

스노우몽키파크와 작별하고 내려가는 길, 이대로 돌아가기엔 아쉬워서 근처 료칸에서 하루 묵어가기로 했다. 버스를 타고 가도 되지만 도보 30분 이내는 걷는 것이 좋다고 판단하여 걷기 시작했는데, 갑자기 펑펑 내리는 눈에 5분 만에 후회하고 말았다.

중간중간 오래되고 예쁜 집들을 구경하며 목적지인 시부 온천마을에 도착했다. 온천마을 특유의 고소한 유황 냄새가 솔솔 나는 것이, 이제 조금 여행 온 것 같은 기분이 들었다.

오늘 묵을 료칸은 자리가 있는 곳 중 적당히 찾아 예약한 안다이칸 安代館이라는 곳이다. 정말 좋은 곳이어서 이 근방에 오는 사람들에게 추천하고 싶은 온천이다. 료칸은 시설도 중요하지만 직원도 중요하다고 생각하는데, 지도까지 들고 와서 동네를 소개해 주는 등 서비스가 좋았다.

하코네 같은 유명 온천지였으면 두 배는 더 비쌌을 정도로 시설도 좋아서, 원숭이 없는 단순 료칸 여행이라도 1박 2일쯤 들르기에 나쁘지 않을 것 같다.

한겨울 료칸 코타츠에 파묻혀 녹차를 홀짝이자, 이것이 바로 내가 찾던 행복이라는 생각이 들었다. 유카타로 갈아입고 대망의 온천 타임도 가졌다. 이 료칸의 유일한 단점이라면 노천탕이 없는 것이지만, 사람이 한 명도 없어서 너무 잘 씻고 나왔다.

상쾌해진 몸을 이끌고 간 곳은 료칸에 있는 만화방이었다. 수천 권의 만화책을 갖춰놓았다고 하여 옛날 만화책이나 조금 있

겠지 싶었는데, 최신 인기 만화책이나 단행본까지 있었다. 이곳은 손님들을 위한다는 핑계로 담당 직원의 로망과 사심을 마음껏 실현하는 공간인 것 같았다.

저녁 식사 시간이 되어 식당으로 향했는데, 깔끔하게 나온 음식들이 하나하나 다 맛있어서 몹시 만족스러웠다. 하지만 이것은 고객 사육의 시작이었다. 분명히 풀코스로 다 먹었다고 생각했는데 버섯밥이 추가로 들어오고, 생선구이도 들어오고, 계란찜도 들어왔다. 어찌어찌 다 먹었더니 와규 스테이크까지 가져다주시는 것이 아닌가.

생각해 보니 체크인할 때 저녁 식사를 기대하라고 몇 번이나 들었는데, 그 황홀한 경고만큼 역대급 저녁 식사였음에 틀림없다. 디저트 3종 세트까지 야무지게 해치우니 배가 너무 불러, 이대로는 잠도 못 잘 것 같아 마을 산책이라도 해야 할 것 같았다.

잠시 마실을 나가기 위해 료칸에서 준비한 엄지발가락 양말을 신었다. 료칸 양말에 발가락이 있는 것은 일본 전통 나막신인 게타를 신기 위해서다. 준비된 나막신을 신고 동네 산책을 시작했다.

저녁 분위기는 낮과는 사뭇 달랐다. 비틀비틀 걸어 한잔하러 가는 아저씨, 빛바랜 사격 게임장에서 시간을 보내는 가족들과 친구들, 술과 안주를 사러 나온 여행객들처럼 이 짧은 산책에서도 다양한 일본의 모습을 볼 수 있어 나오길 잘한 것 같았다.

일본 대표 겨울 풍경, 나가노

　원숭이 사진에 빠져 떠나온 나가노 여행에서 정말 많은 것을 보고, 먹고, 추억에 남겼다. 도쿄에서 1시간 30분 거리에 이런 멋진 곳이 있다는 것을 이제야 알게 되어 아쉽기도 하지만, 그만큼 일본에는 아직 발견하지 못한 보석 같은 여행지들이 많다는 뜻이기도 하다.

노벨 문학상의 배경, 설국 니가타

봄이 오기 조금 전, 겨울의 끝자락에 서 있는 어느 날이었다. 이번 겨울을 후회 없이 즐겼던 것 같지만 단 하나 아쉬움이 남는 게 있었다면, 그건 바로 아직 눈을 한 번도 못 봤다는 것이었다.

그 아쉬움을 조금이라도 달래기 위해 산 책이 있었으니, 1968년 일본 최초로 노벨 문학상을 받은 가와바타 야스나리川端康成의 소설 《설국雪国》이었다. 구매 목적은 아름다운 눈의 나라로 떠나는 상상 속 여행이었으나, 읽으면 읽을수록 새하얀 눈의 세계에 대한 갈망이 더욱 커져만 갔다.

끝날 때까지 끝난 게 아니라는 말처럼, 소설 《설국》을 읽다 말고 봄이 오기 전에 떠나는 진짜 설국 여행을 결심했다. 따스한 도쿄 날씨에 넣어두었던 겨울 잠바를 꺼내 입고 옷으로 몸을 꽁꽁

싸맨 뒤 짧은 여행을 떠날 채비를 했다. 오랜만의 겨울 여행이라 그런지 벌써 마음이 두근두근했다.

도쿄에서 설국으로

올해는 신을 일이 없을 줄 알았던 방수 등산화를 신고 집을 나섰다. 늦기 전에 설국을 보겠다고 나오긴 나왔는데, 몇 걸음 가기도 전에 몸이 후끈 더워지는 게 눈은 커녕 벚꽃 여행이 되지는 않을까 걱정되었다.

'일본의 설국은 어디일까?'라는 질문을 한다면 누군가는 일본의 최북단 홋카이도를, 또 누군가는 일본에서 가장 큰 섬인 혼슈本州의 최북단 아오모리를 떠올릴 것이다. 하지만 소설《설국》의 배경이 되는 곳은 홋카이도도 아오모리도 아닌, 일본의 니가타현新潟県이라는 곳이다. 작가가 3년간 오가며 소설을 집필한 곳도 바로 이 니가타현이다.

니가타에 가는 법은 여러 가지가 있겠지만, 가장 간단한 방법은 역시 도쿄역에서 신칸센 열차를 타는 것이다. 유럽의 모든 길이 로마로 통한다면 일본의 모든 길은 도쿄로 통하는 법인데, 플랫폼만 20개를 훌쩍 넘는 미로 같은 곳이라 언제 와도 긴장의 끈을 놓칠 수가 없다.

열차는 KTX처럼 일반석과 특실인 그린카로 구분되는데, 늦장

부리다 일반석 티켓을 구하지 못한 나는 눈물을 머금고 그린카에 탑승하게 되었다. 생전 처음 타는 신칸센 특실이지만 항상 타왔던 것처럼 초보 티 내지 않으려 살금살금 자리에 앉아 보았다. 특실은 앞좌석과 거리가 먼 것은 물론, 팔걸이에선 음료 받침이 나오고 좌석도 전부 전동 조정이 되어 편리했다.

  일본 열차 여행의 꽃은 뭐니 뭐니 해도 역에서 파는 도시락인 에키벤을 먹는 것이다. 도쿄역에서 판매하는 수백 종류의 에키벤 중 고르고 또 골라서 구매한 나의 도시락은 언젠가 한번 꼭 먹고 싶었던, 어린이들이 사랑하는 에키벤이었다. 날렵하게 생긴 이 신칸센의 디자인을 그대로 차용해 발매 당시부터 지금까지 꾸준한 인기를 누리고 있다. 아이들이 좋아할 디자인인 만큼 내용물은 한솥 어린이 도시락 느낌이었는데, 초등학생 입맛인 나에겐 나쁘지 않았다. 시속 300km로 달리는 장난감을 가지고 노는, 평생 철없을 예정인 어른의 모습, 그게 바로 나였다.

눈 내린 마을에서의 설국 체험

  "현(縣) 접경의 긴 터널을 빠져나오자 눈(雪) 고장이었다. 밤의 밑바닥이 하얘졌다. 신호소에서 기차가 멎었다."

  - 가와바타 야스나리,《설국》

일본 근대 문학 최고의 명문장으로 불리는, 소설《설국》의 도입부다. 봄날처럼 맑기만 했던 바깥 풍경은 기나긴 터널을 빠져나오자 마치 소설《설국》의 도입부처럼 나를 눈의 고장 니가타현으로 안내해 주었다.

그렇게 도착한 역은 바로 니가타를 대표하는 겨울 여행지 에치고유자와越後湯沢였다. 여러 개의 대형 스키 리조트들은 물론 온천과 료칸으로도 유명한 동네다. 니가타현을 대표하는 여행지인 만큼 역사의 규모도 크고, 다양한 지역 특산물과 기념품을 파는 곳들이 있었다.

그중에서도 가장 눈길을 사로잡는 한 가게가 있었다. 니가타는 일본 제일의 곡창지대로 고시히카리コシヒカリ와 같은 명품 쌀의 고향이기도 한데, 쌀이 맛있다는 것은 사케가 맛있다는 소리

와 같다. 폰슈칸ぽんしゅ館이라는 이 가게에서는 500엔을 내면 사케잔과 동전 5개를 받을 수 있는데, 이 동전으로 무려 130종의 니가타산 사케를 마실 수 있다고 하니 이쯤 되면 니가타는 설국이 아닌 '술'국이 아닐까 싶었다. 사케는 종류에 따라 필요한 동전 개수가 다른데, 한국인이라면 당연히 저렴한 원코인부터 시작하게 된다. 한국에서도 유명한 쿠보타久保田 같은 사케를 마실 수 있는 것도 좋고, 가게 한쪽에는 영어로 된 추천 리스트까지 있어서 외국인도 다 함께 어울릴 수 있는 분위기였다. 물론 이런 분위기에 취해서 과음하는 것은 금물이다.

사케로 몸을 데우고 역 밖으로 나가보니, 하얀 눈으로 덮인 역전 풍경이 보였다. 도쿄에서 겨우 1시간 20분 떨어진 거리라는 게 믿어지지 않았다. 길을 걷다 보니 골목에 쌓인 눈의 양은 상당하지만, 차도는 깔끔하게 정비된 게 눈에 띄었다. 도로에 부동액을 계속 흘려보내고 있는 모습이 신기했다.

사실 나는 딱히 스키를 타거나 뭘 하러 온 건 아니라, 그냥 설국을 걷고 또 걸어 다니기만 할 뿐이었다. 동네 중심을 벗어날수록 인적은 드물어지고 쌓여있는 눈의 높이가 올라가는 게, 내가 설국에 와 있다는 사실이 점점 실감 나기 시작했다.

시간이 지나며 눈발이 점점 굵어졌지만, 눈 보러 온 사람에게는 좋은 날씨였다. 이름 없는 동네 하천도 눈이 내려주면 한 폭의 그림이 되니 말이다. 혼자서도 세상 제일 잘 노는 사람답게 동네

고드름을 다 떼어내며 놀다가 대형 고드름을 발견하면 마법을 걸어보기도 했다.

한국에서부터 공수해 온 오리 눈사람 집게도 꺼냈다. 사람 키 높이의 눈이 쌓인 눈의 고장에서 오늘 나는 세상에서 가장 쉽게 눈사람을 만들 수 있는 사람이었다. 이 순간만큼은 8살 어린아이의 동심으로 돌아가 눈 그 자체를 100% 즐길 수 있다.

케이블카로 떠나는 설원 여행

정신없이 노는 사이 눈은 어느새 폭설이 되었다. 밥은 먹고 놀라는 하늘의 뜻이라 생각하며, 적당히 눈에 띄는 식당에 들어가

앉았다. 눈에 젖은 생쥐 꼴로 시원한 생맥주 한 잔 벌컥 들이켜고 자루우동 한 접시에 튀김까지 세트로 곁들여 먹으니, 반나절 간 쌓인 피로가 전부 눈처럼 녹아 없어졌다.

겨울 니가타는 시시각각 날씨가 급변하는 눈의 고장이다. 짧은 식사 시간 동안 거짓말처럼 맑게 바뀐 풍경이 마치 평행 우주의 니가타에 온 것만 같은 기분을 선사했다. 날씨가 맑아지니 산 위의 스키장, 마을을 흐르는 개울, 파묻힌 제설차까지 전부 더욱 예뻐 보였다. 길가에 한국의 동사무소 같은 건물이 있었는데, 자세히 보니 케이블카 탑승장이었다. 탈 생각은 없었지만 구경이나 할까 싶어 들어가 보았다. 하얀 설원 위의 케이블카를 보고 있으니 안 타고 그냥 지나치는 건 아무래도 도리가 아니다 싶었다.

산 전체에는 무려 3개의 스키장이 자리 잡고 있는데, 리프트가 서로 다른 스키장을 연결하는 것이 신기하게 느껴졌다. 더욱이 한 번에 166명이 탑승할 수 있는, 세계에서 가장 큰 케이블카라니 타기를 잘한 것 같았다.

대부분의 사람은 스키나 보드를 타기 위해 산을 오르는데, 최상급 코스임을 강조, 또 강조한 것을 보면 나 같은 초심자는 얼씬도 하면 안 되는 곳인 것 같았다. 다시 날씨도 나빠져 할 일도 없는 나는 한쪽에 자리 잡고 앉아 아까 못다 한 눈사람 만들기 삼매경에 빠졌다. 하얀 설원 위에 오리 가족들을 줄지어 놓고 다시 산 아래로 내려가는 길, 날씨가 흐려져 조금은 아쉬움이 남지만 충분히 아름답고 재미난 경험이었다.

소설 《설국》이 탄생한 료칸 다카한

슬슬 체크인을 위해 숙소로 가기로 했다. 평소에는 여행지의 숙소를 가리지 않지만 이곳에는 꼭 가보고 싶은 숙소가 있었으니, 그것은 바로 료칸 다카한雪国の宿 高半이었다. 가와바타 야스나리가 실제 머물며 소설《설국》을 집필한 공간으로, 언젠가 꼭 눈 내리는 겨울날의 여행으로 찾아오고 싶었던 곳이었다. 숙소의 이름처럼 료칸은 언덕 높은 곳에 있었는데, 흰색과 녹색밖에 보이지 않는 창밖 풍경을 보고 있으니 나의 마음도 하얀 순백이 되었다.

　이 료칸에는 숙박객만을 위한 특별한 것들이 있었다. 첫 번째는 영화 상영회였다. 소설《설국》은 1965년 영화로도 개봉되었는데, 작품이 태어난 배경이기도 한 이 료칸에서는 매일 밤 8시가 되면 이 영화의 상영회가 열린다고 한다. 소설이 집필된 곳에서 보는 영화《설국》은 어떤 기분일까?

　두 번째로 특별한 것은 소설을 기념하는 전시실로 다양한 옛 자료들이 보관되어 있었다. 그중 가장 눈에 띄었던 것은 만화가 허영만 님의 친필 메시지였다. "다카한에서 가와바타 야스나리 선생님을 느낄 수 있었다"라는 내용이었다.

　마지막으로 이 료칸에서 가장 특별한 것은 실제 소설이 집필되었던 방을 복원해 둔 공간이다. 이곳에 서 있는 것만으로도 1930년대로 회귀한 듯한 착각이 들었다.

　방에 돌아와 유카타로 갈아입고 온천욕을 통해 하루의 노고를 풀며, 오늘의 여행을 소소하게 기념해 보았다. 눈 없이 겨울을 떠나보내기 아쉬워 떠나 온 여행. 눈의 고장 니가타에 기대어 앉아 맥주를 홀짝이며 여정을 마무리했다. 소설《설국》이 선사한 상상 속 여행이 현실의 아름다운 추억으로 남았다.

일본이 끝나는 곳,
홋카이도 왓카나이

무더운 여름의 정점, 에어컨으로 버텨내는 일상이 반복되고 있었다. 에어컨이 없던 시절은 상상도 할 수 없는 요즘이지만, 인위적으로 돌아가는 팬 소리는 그다지 마음에 들지 않는다. 에어컨으로 겉을 식힌다면 속은 역시 얼음물만 한 것이 없었다. 제빙기가 없었다면 여름이 얼마나 끔찍했을까, 생각했다.

문득 에이컨이 필요 없는 시원한 곳으로 가고 싶었다. 일본에서 가장 덥지 않은 곳이 궁금해졌고, 북쪽으로 올라갈수록 괜찮아질까 생각하며 일본에서 가장 북쪽에 있는 곳을 탐색했다. 그렇게 홋카이도北海道 최북단의 소야곶宗谷岬을 찾아냈다.

호기심에 편도 비행기표를 검색해 봤다. 왕복을 고려하면 변수가 너무 많아지기 때문이다. 편도 티켓 약 3만 엔. 절대 싸지 않은 금액이었지만, 비행기 출발 2시간 50분 전이라는 촉박한 상황에서 때로는 무언가에 이끌려 과감해질 때가 있는 법이다. 그만 충동적으로 결제를 해버리고 말았다.

지금부터는 모든 것이 타임어택이다. 여행용 짐 싸기의 실력을 보여줄 때다. 십년지기 여행용 가방을 꺼내고, 가장 먼저 두툼한 후드 상의를 넣었다. 이번 여행의 목표는 한여름에 후드티를 입는 것이기 때문이다. 옷과 속옷 몇 벌을 더 챙기고, 세면용품과 각종 케이블을 넣어주면 짐 싸기는 완료다.

공항으로 가는 길은 매우 간단했다. 엘리베이터를 타고 내려가서 역으로 걸어가 지하철을 잠시 탄 뒤, 역에서 나오면 바로 공항에 도착할 수 있다. 두 시간 전에는 생각도 못 한 일이라 현실감은 없었지만, 공항은 언제나 설레임을 주는 곳임이 분명하다.

홋카이도 아사히카와로의 여정

금강산도 식후경이라고, 비행 전 우동으로 배를 편안하게 채워주었다. 오랜만의 비행기 구경에 넋이 나간 탓에 비행기 문이 닫히기 전 아슬아슬하게 탑승할 수 있었다. 자리에 앉아 정신을 가다듬고 보니 문득 이런 생각이 들었다. '도대체 왜 여기 앉아 있지?'

마음도 몰라주는 비행기는 도쿄 상공을 지나 홋카이도 제2의

도시 아사히카와旭川市로 날아갔다. 아직 그곳에 무엇이 있는지도 모르지만, 그것이 또 여행의 묘미가 아닌가 하는 생각이 들었다.

　아사히카와에 도착했지만, 아직 갈 길이 멀어 보였다. 찾아본 바로는 버스로 아사히카와역에 가서, 열차를 타고 북쪽으로 더 가야 하는데, 이번 여행이 순탄할 것 같지는 않다는 예감이 들었다. 날씨는 다행히 조금만 더 가면 나아질 것 같았다.

　40분을 달려 도착한 아사히카와역. 한순간 서늘해진 날씨 속에서 바라보는 이국적인 지방 거점역의 모습에서 왠지 모르게 설레는 마음을 감출 수 없었다. 아사히카와역 인근을 구경하고 싶은 마음도 컸지만, 오늘 꼭 일본의 끝에 도달하고 싶었다. 하지만 다음 열차까지 남은 시간이 무려 2시간 20분. 맛있는 한 끼 식사하기에는 부족하지 않은 시간이었다.

  홋카이도 3대 요리 중 첫째는 일본 제일의 게 요리, 둘째는 싱싱한 성게알 혹은 초밥이다. 하지만 그중에서도 가장 좋아하는 건 역시 홋카이도식 양고기인 징기스칸ジンギスカン이다. 징기스칸은 군용 양털을 얻기 위해 기르던 양들이 필요 없어지자 그 많은 양들을 소비하기 위해 홋카이도에서 발전된 요리라고 한다.

  일본에 사는 큰 장점 중 하나는 역시 혼자여도 언제든지 당당할 수 있는 것이다. 생각보다 많은 양의 고기에 놀랐지만, 지금의 허기라면 철판도 뜯어 먹을 수 있을 것 같았다. 고기는 처음 한 조각만 최상의 상태로 구워주었는데, 그 맛에 홋카이도 이주를 심각하게 고민했을 정도였다.

  만남이 있으면 헤어짐도 있어야 하는 법이다. 3,500엔의 행복을 뒤로 한 채 가게를 나왔다. 편의점에 들러 산 아이스크림을 들고 열차를 타러 역으로 갔다. 도쿄와는 다른 신선한 밤공기에 열대야는 다른 세상의 일인 것만 같았다.

  저녁 8시 11분, 나를 일본의 끝으로 데려다 줄 열차가 도착했다. 이 열차를 타고 3시간 30분을 달리면 일본에서 가장 북쪽에 위치한 마을 왓카나이稚內에 도착할 수 있다.

  오랜 시간 달려 도착한 시간은 밤 11시 48분. 숙소로 가서 푹 자고, 다음 날 아침 탐험을 시작하기로 했다.

일본 최북단 도시 왓카나이 탐방

기절한 듯 자고 일어난 다음 날 아침, 날씨를 보니 하늘도 참 무심하다. 왓카나이 번화가의 첫인상은 비가 쏟아질 듯한 흐린 날씨처럼 왠지 모르게 차갑게만 느껴졌다. 우산을 살 편의점도 없었지만 이 날씨에는 우산도 무용지물일 것만 같았다.

겨우 찾아낸 인적 없는 버스 정류장이 유일한 희망이었다. 20분을 기다려 탄 버스로 도착한 곳은 왓카나이역이었는데, 일본 철도 마니아들의 성지와도 같은 곳이다. 일본 규슈섬 최남단에서 출발한 철길이 끝나는, 일본에서 가장 북쪽에 위치한 역이기 때문이다.

바로 이 낭만을 찾아 일본 전역에서 사람들이 이 역으로 모여든다. 하지만 어쩐지 왓카나이역 건물 안까지 들어와 있던 철길은 나를 밖으로 인도했고, 그곳에서 철길의 끝, 그리고 그 끝의 끝과 조우할 수 있었다. 일본의 끝은 여름에도 추웠다.

가장 북쪽의 역을 봤으니 가장 북쪽의 땅을 밟아봐야 했는데, 버스 시간이 두 시간이나 남아 있었다. 왓카나이는 최북단에 위치한 역인 만큼 많은 자전거 여행과 바이크 여행의 종점이 되기도 한다. 남은 시간 동안 바람을 뚫고 동네 구경에 나서보았다.

그러던 중 영어와 함께 러시아어가 쓰여 있는, 재미있는 표지판을 발견했다. 그 표지판이 가리키고 있던 곳은 '왓카나이 북방파제 돔'. 러시아와의 거리가 겨우 44km인 것을 생각하면 이해가 갔다. 눈에 띄는 관광지 하나 없는 왓카나이에도 재미있는 문화재는 존재했다.

러시아 사할린으로 가는 배를 타기 위한 통로 겸 방파제였던 왓카나이 북방파제 돔은 건축한 지 90년이 되었지만, 유럽의 신전과 같은 웅장함이 여전했다. 파도가 얼마나 세면 이런 방파제가 필요했을지 궁금하던 찰나, 오호츠크해를 건너온 파도가 거칠게 방파제를 내치고 있었다. 그렇게 24시간 전에는 상상도 못할 시원한 바람을 만끽했다.

왓카나이 공원과 역사의 흔적들

바다를 조금 더 가까이 보기 위해 이동했으나 바다는 쉽게 접근을 허락하지 않았고, 날씨가 좋은 날 보인다는 러시아도 당연히 보이지 않았다. 그래서 이 동네 최고의 핫플레이스라는 왓카나이 공원稚內公園을 가보기로 했다. 비바람이 불어도 끈질기게 포기하지 않고, 마음으로 노래를 부르며 언덕을 올랐다.

사실 힘든 오르막길에 만나는 풍경은 그렇게 나쁘지만은 않았다. 왓카나이 공원에 도착하니 공원의 상징이 보였다. 러시아 남사할린 지역을 한때 일본이 점령하고 있었는데, 전쟁이 끝난 뒤 돌아오지 못한 일본인들을 기리는 비라고 한다.

그 외에도 다양한 동상들을 볼 수 있었는데, 남극탐험 썰매부대 개들을 위한 동상도 있었다. 일본인들의 개를 향한 특별한 애정을 느낄 수 있었다. 차가워진 몸을 녹일 우동이나 소바를 기대하며 공원 휴게소로 향했지만, 이상하게도 휴게소는 아이스크림 밖에 팔지 않았다. 이것이 이한치한인가 보다, 생각하며 그 아이스크림을 사 먹었다.

간식도 먹었겠다, 슬슬 마을로 돌아갈 시간이다. 환송 인사를 하는 수풀을 지나 마을에 도착하자 문득 배가 고팠다. 식당이라고는 없을 것 같은 동네에서 반가운 두 글자를 발견했다. '라멘'. 차가워진 몸과 마음을 데우기에 적합한 메뉴였다. 라멘은 일본 어디에서나 쉽게 만날 수 있는 음식이지만, 지역에 따라, 가게에 따라 마치 다른 음식인 듯 각양각색의 맛을 체험할 수 있다. 오늘의 라멘은 삿포로식 미소라멘이었고, 뜨뜻한 라멘 국물로 8월의 추위를 쫓아낼 수 있었다.

최북단의 소야곶에 가는 버스는 앞으로 40분 뒤였다. 한때는 활발하게 북적였을 듯한 거리를 걸으며 다양한 러시아어 간판을 만나볼 수 있었다. 현재는 러시아를 왕복하는 선박이 운행을 중단했지만, 언젠가 조만간 다시 러시아 선원들과 관광객들로 북적이는 거리가 되기를 바랐다.

굳게 닫힌 상점들 사이를 거닐던 중 유일하게 문을 연 러시아식 카페 북문관ほくもんかん을 만날 수 있었다. 일본 최북단에서 더

욱 북쪽인 러시아를 향한 문이라는 뜻일까? 이름에서 이곳 왓카나이의 정체성이 느껴졌다. 일본 속의 러시아식 카페, 이것은 그냥 지나칠 수 없는 조합이었다.

　수십 년은 서로 알아 온 듯한 동네 어르신들의 수다가 한참인 카페에 들어섰다. 조용히 자리에 앉아 차가운 아이스 아메리카노로 라멘의 기름기를 씻어내었다. 커피 한 잔의 여유를 마치고 이제는 떠나야 할 시간이었다. 커피 가격은 싸지도 비싸지도 않은 450엔이었다.

일본의 최북단, 소야곶

　이국적인 러시아 상점 거리를 지나 이번 여행의 종착점인 일본 최북단으로 향하는 버스를 타러 갔다. 왕복 버스 티켓 가격은 약 2,700엔, 편도 40분의 짧은 여행이지만 일본 교통비는 역시 만만치 않았다. 시내를 벗어난 버스는 점점 바다, 일본의 끝을 향해 달렸다.

　아슬아슬한 바닷길을 따라 달려가는 10km의 여정에서 마치 놀이기구를 탄 듯 스릴 넘치는 길을 경험하니 버스비는 더 이상 아깝지 않았다. 일본의 끝 앞에서 의외의 표지판을 발견했다. '세계 인류가 평화롭기를'. 어떤 이유로 이런 표지판이 있는지 궁금했지만 별도의 설명은 찾아볼 수 없었고, 다시 일본의 끝을 향해

발걸음을 옮겼다.

소야곶, 러시아까지 44km. 일본에서 가장 북쪽에 위치한 곳은 여름에도 덥지 않을까, 했던 질문에 더 이상 답할 필요도 없을 것 같았다. 일본 정부 공인 일본 최북단에 있는 최북단의 비석 앞에서 방문객들은 모두 기념사진을 남기기 위해 바빴지만, 진정한 최북단은 바로 이 비석의 뒤인 것 같았다.

최북단에는 최북단인 것들이 많았다. 일본에서 가장 북쪽에 있는 화장실, 그리고 일본에서 가장 북쪽에 있는 식당도 있었다. 그중 가장 재미있었던 건 일본에서 가장 북쪽에 있는 자판기였다. 자판기 주인의 마케팅 센스에 감탄사가 절로 나왔다.

그냥 돌아가기엔 아쉬워 뒤에 있는 언덕에 올라가 보기로 했다. 언덕 위에는 뜻밖의 평지와 다양한 동상이 있었다. 홋카이도 우유 생산량 100만 톤 달성 기념 동상을 보며, 날씨가 추워 농사를 짓기 힘든 이곳에서 낙농업이 얼마나 중요한 위치를 차지하는지 느낄 수 있었다.

저 멀리 뾰족한 탑이 자꾸 눈에 들어와, 그 탑에는 어떤 의미가 있을지 확인해 보러 갔다. 뜻밖에도 그곳에는 우리나라 역사의 슬픈 한 페이지가 있었다. 그것은 대한항공 여객기 격추 사건 추모비였다.

1983년 대한항공 항공기가 사할린에서 소련군에게 격추되는 사건이 있었고, 사할린과 가장 가까운 이곳에 추모비가 건립되었다고 한다. 머나먼 일본의 북쪽 끝에서 만나는 한국 역사의 한 장면에서 말로 표현하기 힘든 많은 감정을 느낄 수 있었다.

일본이 끝나는 곳, 홋카이도 왓카나이

무더운 여름날 에어컨 앞에서 시작된 충동적인 결정이 일본 최북단에서의 경험으로 이어졌다. 홋카이도의 시원한 바람과 함께 일본과 러시아, 그리고 우리나라의 역사가 교차하는 지점에서 여행의 진정한 의미를 다시 한번 생각해 볼 수 있었던 소중한 시간이었다.

에필로그

처음엔 이 이야기를 굳이 책으로 써야 하나 고민했다. 이미 유튜브 채널이 있고, 나름대로 많은 이야기를 영상으로 전해왔다. 자막으로 풀어내는 게 익숙했고, 화면에 담는 방식이 내게는 훨씬 자연스러웠다. 게다가 요즘은 3분짜리 짧은 영상도 끝까지 보기 어려운 세상인데, 이 긴 글들을 누가 처음부터 끝까지 읽어줄까 싶은 마음도 솔직히 있었다.

하지만 영상이 가지지 못하는 게 하나 있었다. 그건 '천천히 곱씹을 수 있는 여유'였다. 영상은 빠르게 흘러간다. 내가 어떤 말을 해도 자막은 2초면 지나가고, 음악이 흐르고, 장면은 바뀌고, 결국 어떤 감정도 편집과 컷 속에서 빠르게 사라진다. 그런데 글과 문장은, 그런 감정을 붙잡아두는 힘이 있다. 읽는 이의 속도에 따라 감정이 오래 머무를 수도 있고, 한 문장을 다시 읽으며 생각이 달라질 수도 있다. 그래서 이번만큼은 활자로 이야기해 보고 싶었다. 조금은 느린 방식으로, 나의 일본살이를 꺼내보았다.

그리고 지금, 도쿄에 있는 집 소파에 반쯤 파묻혀 이렇게 책의 마지막 페이지를 쓰고 있는 나는 생각보다 기분이 괜찮다. 영상 속 말투도 아니고, 댓글 창에서 주고받는 대화도 아니고, 그저 천천히 써 내려간 문장들로 한 권을 채웠다는 사실이 조금은 뿌듯하다. 글을 쓰는 일은 생각보다 오래 나 자신과 대화하는 일이다. 즐거웠지 생각했던 순간도 다시 들여다보게 되고, 이미 잊었다고 생각했던 장면도 되살아났다. 그 과정이 쉽진 않았지만, 확실히 의미는 있었다. 영상처럼 누군가에게 보여주기 위한 편집이 아니라, 나를 위한 정리처럼 느껴졌으니까.

일본에서 산 지 어느덧 11년. 길다면 길고, 짧다면 짧은 시간이다. 내가 여전히 외국인 등록증을 들고 다니고, 일본어 서류 작성에 긴장하며, 계절이 바뀔 때마다 '일본의 여름은 왜 이렇게 습한 거지?'를 반복한다는 점에서 완전히 '정착했다'라고 말하긴 어렵다. 그렇지만 이제는 이 도시에서의 리듬이 익숙하고, 이제는 나도 이곳의 일상을 살아가는 사람이라는 걸 부인할 수 없다.

그사이 나는 도쿄에서 집을 샀고, 일을 했고, 여행을 다녔고, 유튜브를 만들었고, 이렇게 책도 한 권 쓰게 됐다. 그 모든 일은 별것 아닌 일처럼 보일 수도 있지만, 나에게는 꽤 큰 일들이었다. 모든 순간이 처음이었고, 대부분의 일은 시행착오를 거쳐야 했다. 그러니 이 책의 제목처럼, '무사히'라는 말은 결코 겸손한 표현이 아니다. 정말 무사했기에 가능했고, 무사했기 때문에 여기

에필로그

까지 온 것이다.

  이 책이 얼마나 많은 사람들에게 읽힐지는 모르겠다. 누군가는 여행 전 비행기 안에서 펼칠 수도 있고, 누군가는 퇴근길 전철에서 한두 장씩 나눠 읽을지도 모르고, 어쩌면 서점에서 망설이다가 다시 내려놓을 수도 있다. 그 어떤 경우라도 상관없다. 이 이야기가 누군가에게 조용히 닿았다면, 그리고 아주 잠깐이라도 위로나 휴식이 되었다면, 그걸로 충분하다.

  앞으로도 나는 아마 계속 여기서 살아갈 것이다. 아직도 이 나라에서 내가 경험해야 할 것이 많다고 생각하고, 익숙한 듯하면서도 매번 새로 펼쳐지는 풍경 속에서 나는 여전히 내가 어떤 사람인지 확인하며 살고 있다. 그리고 어쩌면, 이 이야기는 잠시 멈춘 쉼표 같은 것일지도 모른다. 언젠가 또 다른 이야기로, 또 다른 형태로, 다시 누군가의 일상에 닿을 수 있기를 바라면서.

  오늘도 무사히. 이 책의 제목처럼, 당신의 하루도, 나의 내일도, 그렇게 지나가길 바란다.

오늘도 무사히, 일본살이 중입니다

초판 1쇄 2025년 11월 3일
초판 2쇄 2025년 11월 19일

지은이 정세월드
발행인 최현수
편집팀장 여지효
기획 및 책임편집 최연우
편집 크로스교 이유진, 최선화, 황훈주
디자인 채홍디자인

브랜드 북엔드
본사 대전광역시 서구 둔산로 63, 403-539호
전화 0507-1367-3454 **팩스** 0505-300-3454
홈페이지 bookend.tech
이메일 info@bookend.tech
인스타그램 instagram.com/bookend.tech

ISBN 979-11-976013-9-2 (03810)
발행처 (주)도서출판 북엔드
등록 2021년 9월 15일 제 2021-000047호

- 북엔드는 북테크 스타트업 '북엔드'의 지식교양서 브랜드입니다.
- 이 책은 저작권법에 따라 보호를 받는 저작물이므로 무단 전재와 복제를 금지하며,
  내용의 전부 또는 일부를 이용하려면 반드시 저작권자와 북엔드의 서면동의를 받아야 합니다.
- 책값은 뒤표지에 있습니다. 잘못된 책은 구입하신 곳에서 바꿔드립니다.